Michael Stoffl

In 90 Minuten um die Welt

Fußballfibel

Bibliothek des Weltfußballs

Herausgegeben von Frank Willmann

Autor:

Michael Stoffl wurde 1971 in München geboren und lebt seit fast zwanzig Jahren in Berlin. Früh begann er sich für Fußball zu begeistern und auch das Reisefieber packte ihn in schon in jungen Jahren. Zwei Leidenschaften, die sich perfekt ergänzen. Wenn gerade nicht unterwegs, arbeitet er als freiberuflicher Übersetzer und Online-Redakteur. Ansonsten träumt er davon, dass der TSV München von 1860 irgendwann einmal wieder international spielen wird.

Bildnachweis:

Alle Bilder: Archiv des Autors

ISBN: 978-3-7308-1791-9
Die Deutsche Nationalbibliothek verzeichnet diese Publikation in der Deutschen Nationalbibliografie; detaillierte bibliografische Daten sind im Internet über http://dnb.d-nb.de abrufbar.

Verlag:

CULTURCON medien
Inh. Bernd Oeljeschläger
Melanchthonstraße 13 · 10557 Berlin
Telefon 030 / 3439 8440 · www.culturcon.de
Redaktion und Lektorat: Anne Hahn
Gestaltung und Satz: Burkhard Kehl, Berlin
Coverentwicklung: Marcus Gruber, Berlin
Druck: Florian Isensee Gmbh, Oldenburg

Das ganze Unglück der Menschen rührt allein daher, dass sie nicht ruhig in einem Zimmer zu bleiben vermögen.
(Blaire Pascal, französischer Mathematiker und Philosoph des 17. Jahrhunderts)

Etwas anders formuliert klingt das so: *Alle Probleme beginnen damit, dass die Leute nicht zuhause bleiben.* Dieser Ausspruch mag einem ein Schmunzeln ins Gesicht zaubern, begleitet von einem anerkennenden Kopfnicken, welches der soeben vernommenen Bestätigung zusätzlich Ausdruck verleiht: Würden alle Menschen einfach mal zuhause bleiben, gäbe es weniger Probleme. Zugezogene haben es überall erst einmal schwer. Und Touristen spülen Geld in die Kassen, nerven aber ungemein. Ohne Naturkatastrophen, finanzielle Nöte oder menschgemachte Tragödien gäbe es kaum einen Grund für Flucht und Migration. Es sei denn, die Abenteuerlust – auch als *Angst vor der Langeweile* bekannt – treibt einen hinaus in die weite Welt. Uns Rastlosen ist dieses Gefühl sehr vertraut: das Reisen um des Reisens willen, einfach weil es geht und weil man es kann. Anderenorts auf dieser Welt ist dieses Bedürfnis gänzlich unbekannt und stößt auch mal auf Unverständnis und Verwunderung. Um von A nach B zu reisen, bedarf es dort nämlich eines triftigen Grundes: entweder aus geschäftlichen Interessen (um Handel zu treiben), aus religiösen Motiven (Pilgerfahrten) oder aus einem moralischen Antrieb heraus (Verwandtschaftsbesuch) – aber doch nicht einfach so zum Vergnügen! Wo soll das überhaupt ein Vergnügen sein? Schon die Strapazen einer beschwerlichen Anreise, die ungewohnte Umgebung, fremde Menschen, die einen nicht verstehen, und erst das komische Essen. Wie besagt schon eine großelterliche Weisheit: *Zuhause ist es doch am schönsten.* Wer tagtäglich allein damit beschäftigt ist, sich und seine Familie zu ernähren und ihr ein Dach über dem Kopf zu ermöglichen, dem bleibt keine Zeit, oder fehlen die finanziellen Mittel für eine Mountainbike-Tour im Pitztal oder einen Junggesellenabschied in der Düsseldorfer Altstadt. Was vor nicht allzu langer Zeit noch für unsere Großeltern galt (und uns heute so fern scheint), trifft auf einen Großteil der Menschheit zu. Nun kann man das Zitat von Blaire Pascal wortwörtlich nehmen oder sich seiner Interpretationsmöglichkeiten annehmen. Ich lese vor allem etwas heraus, was ich persönlich sehr gut nachvollziehen kann, da es seit Langem ein Teil meines Wesens und meiner Person ist: die innere Unruhe. Das Gefühl, immer wieder etwas Neues anfangen zu müssen, ohne es wirklich abzuschließen; die Rastlosigkeit, das Zweifeln, Grübeln und die Ungewissheit. Zustände, die einen zur Verzweiflung bringen oder gar in eine Depression treiben können, wenn man immer wieder mit dem Gefühl konfrontiert wird, nicht weiterzukommen, in eine Sackgasse zu geraten und niemals ein Ziel zu erreichen. Ich kann davon ein Lied singen. Bei mir wurde 2015 eine Depression diagnostiziert, die mich wohl schon längere Zeit begleitet hatte und mit der ich zu leben lernen musste.

Andererseits kann man sich dieser Gemütslagen auch annehmen, sie zulassen, und versuchen, sie in etwas Positives umzumünzen. Und genau das ermöglicht mir das Reisen. Das Reisen an sich, das Unterwegssein in fremden Gefilden, sich einzulassen auf etwas Neues und Unbekanntes, fremden Menschen zu begegnen, die andere Sprachen sprechen, einen anderen kulturellen Hintergrund haben und vielleicht ganz andere Prioritäten im Leben haben als ich selbst. Und dann merke ich, dass ich vielleicht gar kein konkretes Ziel brauche. Das wirkt plötzlich sehr befreiend und erleichtert die Sache ganz ungemein. Letztendlich geht es einfach nur darum, mit dem was man macht, einen Zustand der Zufriedenheit zu erreichen – ohne dabei unbedingt etwas Greifbares erreichen zu müssen.

Zu Schulzeiten war der Weltatlas mein Lieblingsbuch. Ich war fasziniert von Landkarten und Stadtplänen, und stellte mir vor, wie es wohl in den Straßen Hong Kongs zugeht oder in der Wüste von Arizona aussieht. Die Fußball-Weltmeisterschaft 1982 in Spanien war das erste große Turnier, das ich bewusst wahrnahm und voll und ganz aufsog. Im Fernsehen verfolgte ich fast jedes Spiel, und war der erste von insgesamt nur zweien an meiner Schule, die das Panini-Sammelalbum komplettieren konnten (wofür ich mein gesamtes Taschengeld investierte). Der Moment, als ich mit

Mick Mills von Ipswich Town den letzten noch fehlenden Sticker tauschte und ihn einkleben konnte, war mein ganz persönlicher kleiner WM-Sieg. Aber einmal im riesigen Bernabéu-Stadion ein Spiel zu sehen war ein Wunsch, der zu jenem Zeitpunkt noch so fern und unrealistisch schien wie der Traum, einmal als Astronaut ins Weltall zu fliegen. Aus der Astronautenkarriere wurde bekanntermaßen nichts, und selbst im Estadio Santiago Bernabéu war ich bis heute noch nicht.

Bevor es erstmals ins Ausland gehen sollte, stellten sich im Sommer 1986 die Weichen. Die Deutsche Bundesbahn bewarb das „Tramper-Monatsticket". Für 228 D-Mark konnten Jugendliche damit für vier Wochen das komplette Streckennetz der Bundesrepublik unbegrenzt nutzen, inklusive der Transitstrecken nach West-Berlin. Das klang sehr reizvoll und das Geld dafür hatte ich auch schon beisammen. Ich war noch keine fünfzehn Jahre alt und ein elterliches Einverständnis für dieses Vorhaben erschien geringstenfalls zweifelhaft, wenn nicht sogar unwahrscheinlich. Aber zusammen mit einem potenziellen Reisepartner gleichen Alters erdachte ich mir eine List: Wir fahren mit der S-Bahn nach München zum Hauptbahnhof, kaufen uns das Ticket und stellen dann unsere Eltern vor vollendete Tatsachen. Und genau so machten wir das auch. Die Resonanz darauf war, gelinde gesagt, etwas durchwachsen, um nicht zu sagen ablehnend. Aber mit diplomatischem Fingerspitzengefühl und dem Versprechen, immer zusammen zu bleiben und auf uns aufzupassen, sowie nicht länger als drei bis vier Tage am Stück von zuhause wegzubleiben, bekamen wir auch offiziell das OK. Es sollte zwangsläufig eine Low-Budget-Tour werden. Um Übernachtungskosten zu sparen, nahmen wir meist Nachtzüge, quartierten uns aber hin und wieder mal in einer Jugendherberge ein, und ernährten uns aus Supermärkten oder an Imbissbuden. Bier spielte damals noch keine Rolle. Bald schon stellte sich heraus, dass wir ganz unterschiedliche Reisetypen waren, und nach den ersten beiden Kurztrips gingen wir getrennte Wege.

Ich fing an, meine Städtetrips auf den Spielplan der Bundesliga anzupassen. Tickets gab es problemlos am Spieltag und die Ermäßigungen für unter 16-Jährige waren damals noch enorm.

Für fünf Mark oder weniger bekam man Zutritt zum Stehplatzbereich. Der Sommer 1986 wurde, lange bevor ich den Begriff überhaupt kannte, zu meiner ersten Groundhopping-Tour, was sich im Nachhinein als umso wertvoller herausstellte, da keines der besuchten Stadien heute noch als solches existiert. So ging es mal ins Müngersdorfer Stadion nach Köln (Flutlichtspiel gegen Eintracht Frankfurt), wurde ein Zwischenstopp im Niedersachsenstadion in Hannover eingelegt (in der Zweiten Liga gegen den SSV Ulm) oder durch die DDR nach West-Berlin ins heruntergekommene Olympiastadion mit seinen morschen Holzbänken gefahren, wo die drittklassige Hertha in der ersten Runde des DFB-Pokals vor nur knapp 15.000 Zuschauern gegen den FC Bayern antrat.

Die darauffolgenden Jahre brachten mich während der Sommerferien per Inter-Rail mal nach Großbritannien und Irland, mal nach Spanien, Portugal und Marokko. Ich entdeckte meine Liebe zum Bahnreisen. Auch heute fahre ich noch gerne mit dem Zug. Je exotischer das Land oder die Strecke, desto besser. Seither habe ich jede nur freie Minute genutzt, um die Welt ein wenig mehr zu erkunden. Meist in Kombination mit Fußball, aber eben nicht immer. Und die Ziele gehen ja bekanntlich nie aus.

Mittlerweile befinden wir uns im Mai 2021 und schreiben das Jahr zwei der großen Pandemie. Vieles scheint verloren gegangen zu sein, und wir alle sehnen das Leben zurück, wie wir es einmal kannten. Aber das Jammern überlasse ich lieber anderen. Da fällt mir gleich noch ein weiteres Zitat von Blaire Pascal ein: *Wenn du Gott zum Lachen bringen willst, erzähle ihm von deinen Plänen.*

Madagaskar

Kaum eine Fernstraße in Madagaskar ist asphaltiert. Staubige Stein- und Sandpisten, große Höhenunterschiede, unwegsames Gelände und schrottreife Verkehrsmittel machen eine Reise zu einer Herausforderung. Mir der bevorstehenden Strapazen bewusst, habe ich für die verhältnismäßig einfache Etappe von Ihosy nach Ranohira, die sich über etwa 90 Kilometer zieht, eine Mitfahrgelegenheit in einem Geländewagen arrangiert. Die Strecke soll mit allem Drum und Dran in einem halben Tag zu bewältigen sein. Nachts wird hier nicht gefahren, was aufgrund mangelhafter Straßenverhältnisse, oft fehlender Beleuchtung und unvorhersehbarer Hindernisse vernünftig erscheint.

Gegen halb fünf Uhr morgens klingelt der Wecker. Von meiner Unterkunft zum vereinbarten Treffpunkt sind es nur ein paar Schritte, wo ich mich pünktlich um fünf Uhr einfinde. Es ist stockfinster, von ein paar schwachen Lichtern in der Ferne mal abgesehen. Und mucksmäuschenstill. Frühe Stunde in einer madagassischen Kleinstadt auf dem Land. Ich stehe in der morgendlichen Kälte wie bestellt und nicht abgeholt. Kein Geländewagen, keine anderen Fahrgäste, auch sonst keine Menschenseele. Während ich mit mir hadere, erscheint ein Bote, der mir mitteilt „problem with engine, no drive, take bus 6 o'clock". Bezahlt hatte ich noch nicht, also laufe ich zu dem Ort, wo manchmal Busse abfahren (der Begriff „Busbahnhof" wäre in diesem Falle übertrieben und euphemistisch). Es handelt sich um den Platz beim großen Baum in der Ortsmitte.

Nun ist es so, dass es in Madagaskar keinen regelmäßigen, organisierten Personenfernverkehr gibt, somit auch keine offiziellen Busunternehmen, Fahrpläne oder Buchungsmöglichkeiten. Um in den nächsten Ort zu kommen (auch für längere Strecken) sucht man sich eine Mitfahrgelegenheit in einem *taxi brousse* (Buschtaxi). Das sind meist Kleinbusse oder Vans mit Platz für etwa zehn bis fünfzehn Passagiere, je nachdem, wieviele sich hineinquetschen lassen. Das Gepäck (vom mit Luftlöchern versehenen Karton mit den Kampfhähnen bis hin zu Zementsäcken) wird aufs Dach geschnallt oder auf dem Schoß platziert: entweder auf dem eigenen oder dem des Sitznachbarn. Aber es kann auch mal eine Mitfahrt auf der Ladefläche eines Lkw sein (unbequem, staubig, aber stets an der frischen Luft) oder – für einen kleinen Aufpreis und wesentlich bequemer – vorne in der Fahrerkabine. Passagiere finden auch Platz auf Holzbänken eines umgebauten Pick-Ups, zu viert auf der Rückbank eines Geländewagens oder in einem privaten Pkw. Um herauszufinden, wann denn die nächste Fahrt ansteht, und um sich dafür einen Platz zu sichern, musste ich oft sehr viel herumfragen. Manchmal kann diese Suche den Großteil eines ganzen Tages beanspruchen, mitunter müssen sehr viele Hebel in Bewegung gesetzt und Hinz und Kunz konsultiert werden. Manchmal geht es auch schnell und unkompliziert, wenn etwa der Befragte per Handy einen Bekannten anfunkt, der schon zwei Stunden unterwegs ist, noch einen Platz frei hat und in einer halben Stunde auf der Durchfahrt das gegenwärtige Provinznest passieren würde.

Ganz so reibungslos soll es diesen Morgen nicht ablaufen. Am zentralen Platz finde ich zumindest den versprochenen Bus: ein in die Jahre gekommenes, verbeultes und verrostetes, mittelgroßes Modell für etwa 30 Passagiere, bei dem augenscheinlich der TÜV schon abgelaufen war, als Bayer Uerdingen noch in der Bundesliga spielte. Kein Ticketbüro, keine Teestube, nur eben dieser Bus und weit mehr willige Fahrgäste, als jemals darin Platz finden würden, die alle aufgeregt miteinander diskutieren. Es ist immer noch dunkel.

Es dauert eine Weile, bis ich verstehe, um was es geht. Angesichts der großen Nachfrage für Fahrkarten nach Ranohira hat sich die Bus-Crew erdreistet, den Fahrpreis pro Person von 7.000 auf 10.000 Ariary zu erhöhen, was einem spontanen Top-Zuschlag von ungefähr einem Euro entspricht. Einige Reisewillige informierten daraufhin den Verbraucherschutzbeauftragten der örtlichen Polizeiwache, der mithilfe einiger Uniformierter kurzerhand die gesamte Bus-Mannschaft in vorübergehenden Gewahrsam nehmen ließ. Damit war auch niemandem geholfen. Nun stand der Bus alleine da, und die widersprüchlichen Informationen überschlugen sich. Es solle ein Ersatzbus eingesetzt werden (nur wo sollte der hergezaubert werden?), man wäre auf der Suche nach einem anderen Fahrer, in zehn Minuten geht's los und so weiter und so fort.

Mit Sack und Pack quer durch Madagaskar.

Mittlerweile ist es neun Uhr geworden und ich habe die Schnauze voll. Die Hoffnung, in Bälde noch wegzukommen, habe ich aufgegeben und checke wieder in dasselbe Hotel ein, welches ich vier Stunden zuvor verlassen habe. Dort hole ich den fehlenden Schlaf nach. Als ich gegen mittags nochmal am Schauplatz vorbeikomme, sitzen noch immer rund zwei Dutzend Wartender im mittlerweile einen halben Meter schmalen Schatten des (vielleicht) nächsten Busses nach Ranohira.

Ob und wann dieser Bus noch auf die Reise ging, habe ich nicht mehr erfahren. Für mich sollte es tatsächlich noch am selben Nachmittag weitergehen. Nach einem späten Frühstück schilderte ich den Anwesenden meine Erlebnisse. Umgehend wurden die Handys gezückt und herumtelefoniert. Nur eine halbe Stunde später nahm ich Platz in einem Pkw, der gerade auf der Durchreise war. So erreichte ich Ranohira vor Sonnenuntergang – sehr komfortabel und ganz ohne weitere Vorkommnisse.

Gegen Ende 2008 verbrachte ich fünf Wochen in Madagaskar, was gerade ausreichte, um ohne großen Stress einmal quer durchs Land zu reisen und mir Zeit für Wanderungen durch die beeindruckende Natur zu lassen. Hauptsächlich entlang der Rue Nationale 7, welche die Hauptstadt Antananarivo mit Toliara im Südwesten verbindet. Die Insel ist wesentlich größer, als sie auf der Karte erscheint. Es geht sehr gemächlich voran, wenn man nicht gerade einen Inlandsflug nimmt. In den Städten stehen Taxis zur Verfügung, vor allem aber Rikschas. Keine Fahrrad- oder Moto-Rikschas, wie man sie aus Asien kennt, sondern die archaische Variante: von Hand gezogene Barfuß-Rikschas, wie sie vor rund zwanzig Jahren noch in Teilen Indiens anzutreffen waren, aber mittlerweile fast überall verbannt wurden. In Madagaskar werden sie *pousse-pousse* genannt und dienen nicht nur dem Personen-, sondern auch dem Lastentransport.

Einige Tage vor meinem ersten Spielbesuch war ich in Fianarantsoa angekommen, der mit 160.000 Einwohnern zweitgrößten Stadt des Landes. Im Voraus etwas zu planen, war auch hier unmöglich. Etwaige Spielpläne und Ansetzungen waren schlicht nicht ausfindig zu machen. Die gängigen Websites boten Ergeb-

Spieltag im Stade Ampasambazaha in Fianarantsoa.

nisse von vor vier Wochen und sowohl der madagassische Fußballverband als auch die Liga waren im Internet noch gar nicht präsent. Tägliche Recherche war gefragt. Die lokalen Zeitungen boten keine Hilfe, da sie sich, wenn sie überhaupt einen Sportteil aufwiesen, auf die Berichterstattung der europäischen Top-Ligen beschränkten. Es war kaum jemand anzutreffen, der Interesse oder gar Ahnung von Fußball hatte. Zumindest mehr als den Kommentar „Ronaldo trés bien".

Aber es war ein Leichtes, den jeweiligen Sportplatz ausfindig zu machen, welchen ich stets zu meinem ersten Anlaufpunkt machte. In Fianarantsoa verdiente das Stade Ampasambazaha tatsächlich den Begriff Stadion und war mehr als nur ein Bolzplatz mit zwei schiefen Toren. Nun gut, das Spielfeld entsprach nicht gerade den gängigen FIFA-Standards und das Gras hätte auch mal wieder gemäht werden können. Aber es gab zwei gegenüberliegende Tribünen aus Betonstufen, eine davon mit einer wackligen Dachkonstruktion aus Wellblech. In Europa wäre die Anlage wohl längst als Bauruine oder *lost ground* kategorisiert worden.

Das Wichtigste aber war, dass tatsächlich der Ball rollen sollte. Das war die Nachricht des Tages, welche mehrere Dutzend Schaulustige bezeugten, die sich schon eingefunden hatten. Kinder tobten herum, Fahrräder wurden mit auf die Tribüne geschleppt und die ersten Verkäufer liefen bereits die Ränge auf und ab und boten Erdnüsse, Gebäck und Säfte an. Für mich ein klares Indiz dafür, dass hier irgendwann heute Nachmittag etwas von Interesse stattfinden würde: idealerweise ein Fußballspiel. Selbst da waren sich manche nicht so sicher. Noch grasten die Hühner im Strafraum und von sich aufwärmenden Mannschaften keine Spur. Wann es denn soweit sein sollte und wer hier gegen wen in welchem Wettbewerb antreten würde, wusste niemand. Auch in Madagaskar gilt: Zeit ist relativ.

Ich gesellte mich zu den Wartenden, versorgte mich bei einer der fliegenden Händlerinnen mit Knabberzeug und einem Getränk, und harrte der Dinge. Und siehe da: Zwei Teams betraten schließlich den Rasen. Der Trikotwahl nach zu urteilen handelte es sich bei den Mannschaften um Manchester United und Chelsea. Ebenso erschien ein Schiedsrichter-Trio samt Spielball. Es war an-

gerichtet. Das Warmmachen beschränkte sich auf ein paar wenige Minuten Herumgehüpfe und schon konnte es losgehen. Die Hühner hatten das Spielfeld bereits freiwillig geräumt. Beide Mannschaften traten in jeweils einheitlichen Oberteilen an, aber mit Hosen und Stutzen in unterschiedlichen Farben. Zum Auseinanderhalten reichte das allemal. Wer aber jetzt wirklich gegen wen spielte, hatte ich immer noch nicht herausgefunden. Das sollte sich erst in der Halbzeitpause ändern, als mir einer der Trainer auf mein Drängen hin die Namen der beiden Vereine auf ein Stück Papier schrieb. Darauf stand zu lesen:
Match amical / Marao (rouge) vs. Ranomafana (bleu) / U17

Damit aber nicht genug. Im Anschluss stand noch ein zweites Spiel auf dem Zettel (im wahrsten Sinne des Wortes), und zwar:
Marao (blanc) vs. Antamponjina (rouge) / U20

Zwei Junioren-Freundschaftsspiele also. Allzu wählerisch durfte ich bei der Spielauswahl ohnehin nicht sein; war ich doch schon glücklich damit, überhaupt etwas ausfindig gemacht zu haben. Eintritt wurde keiner verlangt, und im Laufe des Nachmittags strömten immer mehr Schaulustige herbei, sodass sich letztlich etwa 500 Zuschauer eingefunden hatten. Das spielerische Niveau war in beiden Partien überraschend gut – zumindest aus der Perspektive eines, der vor kaum einem Gammelkick Halt macht und schon wesentlich Schlimmeres gesehen hat. In beiden Spielen konnten sich die Jungs von Marao durchsetzen und ihre Sparringspartner mit 3:2, respektive 4:2, nach Hause schicken. Insgesamt ein sehr vergnüglicher Nachmittag, das Spielfeld hatte diesmal das oft überstrapazierte Prädikat *Acker* auch wirklich verdient. Beim Verlassen des Stadions nahm ich ein Plakat wahr, das Stunden zuvor dort noch nicht hing: die Spielankündigung. Diese bestätigt mir die handschriftlich erteilte Auskunft hinsichtlich der Ansetzungen. Ob ich auf dieser Reise noch ein höherklassigeres Spiel zu sehen bekommen würde?

Das Ligensystem in Madagaskar ist komplex. Es gibt 22 Regionalligen, was den Entfernungen und der fehlenden Infrastruktur im Lande geschuldet ist. Die besten Mannschaften qualifizieren sich für die THB Champions League, einer landesweiten Endrunde, in welcher der Meister ermittelt wird. THB (französisch ausgesprochen) steht übrigens für Three Horses Beer, der großen nationalen Biermarke, deren englischen Namen wiederum kaum jemand aussprechen kann und man stattdessen lieber auf das bequemere Akronym zurückgreift. Darüberhinaus wird in Madagaskar auch noch ein Pokalwettbewerb ausgespielt; aber auch dazu waren keine brauchbaren Informationen ausfindig zu machen. International trat das Land bislang kaum in Erscheinung. Für die Teilnahme an den Qualifikationsrunden zur WM oder zum Afrika-Cup fehlte oft das Geld und man trat erst gar nicht an – oder scheiterte schon frühzeitig. Erst 2019 gelang die erstmalige Teilnahme am Afrika-Cup in Ägypten, als nach überraschenden Siegen gegen Nigeria und DR Kongo sogar der Einzug ins Viertelfinale gelang.

Als hier die Franzosen noch das Sagen hatten, entstanden durch Zwangsarbeit auch einige Eisenbahnlinien, wobei das Schienenmaterial aus deutschen Reparationsleistungen nach dem Ersten Weltkrieg stammt. Eine dieser Linien verbindet Fianarant-

Auf der Zugfahrt durch den Dschungel nach Manakara.

soa im Landesinneren mit Manakara am Indischen Ozean und ist heutzutage noch in Betrieb. Dreimal die Woche geht es in die eine, dreimal die Woche in die andere Richtung. Die Strecke führt vom Hochland quer durch den dichten Regenwald an die tropischheiße Küste. Sie passiert dabei zahlreiche Dörfer und Siedlungen, die ansonsten von der Außenwelt abgeschnitten wären, da sie nicht ans Straßennetz angebunden sind. Somit bildet diese Linie für alle Anwohner eine unverzichtbare Lebensader. An jeder Haltestelle ist zu beobachten, wie die gesamte Einwohnerschaft zum einfahrenden Zug eilt. Während die Güterwägen be- und entladen werden, gilt es nun die Zeit zu nutzen, um den Fahrgästen in den Passagierwägen etwas zu verkaufen: büschelweise Litschis, die wie Unkraut wachsen, Selbstgebackenes und Frittiertes, frischen Fisch, die hier heimischen Vanilleschoten, Pfeffer in allen Farben, geröstete Erdnüsse und allerlei exotisches Obst und Gemüse. Eine wahre Entdeckungsreise, denn an jeder Station kann etwas Neues ausprobiert und verkostet werden. Allerdings sieht man der Dorfbevölkerung im Gegensatz zu den Stadtbewohnern ihre Armut auch wirklich an. Anders aber als in touristisch erschlossenen Gebieten Kontinentalafrikas käme hier keiner auf die Idee, zu betteln. Für die Kinder bin ich eine Attraktion, dennoch ruft kein einziges *money, money,* wie das anderernorts oft den letzten Nerv rauben kann. Stattdessen werden mit Bastkörben und Eimern voller Leckereien die Waggons geentert und an den Mann gebracht. So kaufe ich mehr, als mir lieb ist und teile im Anschluss überschüssiges Obst und Gebäck mit meinen Mitreisenden. Ein paar Beutel bunter Pfeffer und ein einige Bündel Vanilleschoten sind schöne Mitbringsel für Zuhause. Den mehr als hundert Jahre alten Bahnhofsgebäuden gleicher Architektur (sie unterscheiden sich nur durch die jeweilige Ortstafel), wurde durch Hitze und Feuchtigkeit ordentlich zugesetzt. Dennoch sind sie neben den Baracken und Holzhütten oft die einzigen festen Bauwerke am Ort.

Für die 163 Kilometer lange Strecke werden zwölf bis vierzehn Stunden Fahrzeit veranschlagt (solange nichts dazwischen kommt, wie bei mir ein Gewitter gegen Ende des Tages, das die Reise auf sechzehn Stunden ausdehnte). Gereist wird in alten Waggons der

Schweizerischen Bundesbahnen aus dem Jahr 1953. Ich habe mich für die Fahrt in der 2. Klasse mit den Einheimischen entschieden und es nicht bereut. Im Allgemeinen wirken die Madagassen auf mich sehr ruhig und entspannt, fast schon zurückhaltend oder gar schüchtern. Einmal mehr bereue ich, dass sich mein Französisch-Wortschatz auf ein paar Dutzend Wörter beschränkt; einen vollständigen Satz bekomme ich kaum zusammen. Dennoch geht es sehr herzlich zu und ich fühle mich nicht ausgegrenzt.

Der 1. Klasse-Waggon wird komplett von einer französischen Rentner-Reisegruppe in Beschlag genommen. Studienreisende, die sich bildungsbürgerlich geben und aufgrund ihrer Hochnäsigkeit bei der heimischen Bevölkerung nicht gerade beliebt sind. Der Tourismus spielt im Land ohnehin keine große Rolle. Nur im Norden der Insel, rund um das Städtchen Nosy Be, haben sich ein paar Fünf-Sterne-Luxus-Resorts angesiedelt, wo die All-inclusive-Gäste unter sich bleiben können, nachdem sie mit Chartermaschinen aus Mailand und Paris eingeflogen wurden. Individualtouristen treffe ich auf meiner Tour nur ein einziges Mal, ein Globetrotter-Pärchen aus England, mit denen ich in Manakara zur Feier des Tages nach getaner Zugfahrt ein paar Gläser Rum leeren sollte. Madagaskar produziert übrigens sehr guten Rum. Die in Flaschen abgefüllten industriellen Erzeugnisse eignen sich hervorragend, um sie nach Hause mitzunehmen. Ansonsten wird quer durchs Land selbst gebrannt. Selbst im letzten Dorf findet man in jedem Kramerladen ein ganzes Regal voller gläserner Fünf-Liter-Behältnisse, in denen der Zuckerrohrschnaps, meist angereichert mit eingelegten Früchten, für den sofortigen Verzehr vor Ort angeboten wird.

Bis zu meinem Ziel Toliara an der Afrika zugeneigten Westküste sind es aber noch ein paar Etappen. Entlang der Strecke lohnt es sich, einige Zwischenstopps einzulegen. Immer wieder warten großartige Nationalparks mit beeindruckender Natur darauf, erwandert zu werden. Dass Madagaskar in Sachen Flora und Fauna so einiges an endemischen Arten zu bieten hat, dürfte hinlänglich bekannt sein. Als Botanik- und Zoologie-Laie erspare ich der Leserschaft tiefergehende Erläuterungen dieser Art. Ich staune immer wieder aufs Neue, was dort alles so an merkwürdigen Käfern und bunten Vögeln kreucht und fleucht. Nie zuvor gesehene Schmetterlinge, die an einem Ast sitzend wie Blütenblätter wirken. Oder die für Madagaskar so typischen Lemuren, von denen es an die hundert verschiedene Arten gibt. Am Bekanntesten sind wohl die mit den schwarz-weiß geringelten Schwänzen und ihren mäuseartigen Gesichtern. Diese Affen sind übrigens sehr zutraulich und neugierig, aber ganz im Gegensatz zu ihren entfernten Verwandten in Indien keineswegs aggressiv oder gar auf Beute aus. Oft posieren sie vor mir und treiben untereinander Schabernack, als würden sie nur darauf warten, endlich fotografiert zu werden. Im Südwesten der Insel sind die massiven Baobabs zuhause. Affenbrotbäume, die einen Umfang von fünf Metern und mehr erreichen und deren Baumkronen wie Wurzelwerk wirken – als hätte ein Riese den Baum ausgerissen und auf den Kopf gestellt. Die Fotomotive gehen jedenfalls nicht aus.

Toliara ist im Vergleich zu den Kleinstädten im Landesinneren eine geschäftige Großstadt und bietet dennoch wenig, was normale Touristen anlocken könnte. Ich quartiere mich für die nächsten Tage im wunderbaren Hotel Central ein: ein Bau im Kolonialstil mit hohen Decken, alten Holzmöbeln und einem großen Balkon, von dem sich das Treiben in den Gassen bestens beobachten lässt. Ein paar Tage verbringe ich in einem Bambus-Bungalow an einem palmengesäumten Traumstrand, etwa 20 Kilometer nördlich der Stadt. Ein Katzensprung, möchte man denken – für die Anreise braucht der Pick-up, der immer wieder im tiefen Sand stecken bleibt, knapp vier Stunden. Es gibt kein WLAN und wenn um 22 Uhr der Strom abgestellt wird, bleibt der Blick aufs Meer und in den Sternenhimmel.

In Toliara ist das Stade Maître Kira mein erstes Ziel. Siehe da, als einer der Austragungsorte der hiesigen regionalen Liga steht noch am selben Tag eine Partie auf dem Plan – allerdings erst später am Nachmittag. Ich sehe mich nach etwas Essbarem um. Die madagassische Küche ist hervorragend, in ihr finden sich sowohl französische als auch asiatische Einflüsse. Reis gehört meist dazu, es wird viel mit Kräutern und Gewürzen gearbeitet. Viele Gerichte erinnern an Currys, wie man sie aus Indien oder Süd-

Stade Maître Kira in Toliara.

ostasien kennt. Ob das daran liegen mag, dass die Insel einst von Seefahrern aus Borneo besiedelt wurde? Selbst wer gerne mal ein Stück Fleisch auf dem Teller hat, wird nicht enttäuscht werden: Ein medium gebratenes Steak vom Buckelrind (Zebu) dürfte sogar argentinische Feinschmecker begeistern. Raffinierte Fischgerichte und Meeresfrüchte runden das kulinarische Repertoire ab.

Zurück am Stadion wird bereits Eintritt kassiert. Das Ticket kostet 30 Cent, kommt aus dem Copyshop und wird von Hand ausgeschnitten. Es gibt zwei gegenüberliegende Tribünen, wovon der Mittelteil der einen überdacht ist. Unter diesem Sonnenschutz drängen sich bereits die Zuschauer. Ansonsten herrscht freie Platzwahl. Die Nachmittagshitze drückt, aber im Gegensatz zur Ostküste ist der Südwesten sehr trocken, was einen nicht ganz so arg schwitzen lässt. Ich drehe erstmal eine Runde. Zu meiner Enttäuschung sehe ich auf dem Platz zwei abgesteckte Kleinfelder, auf denen gerade vier Kindermannschaften parallel aktiv sind und dem Ball nachjagen. Das ist nicht euer Ernst jetzt? Wird dafür wirklich Eintritt verlangt? Und warum sind dazu so viele Besucher gekommen?

Keine Panik, ich hätte ja gleich ahnen können, dass es sich nur um das Rahmenprogramm handelt, in Kürze soll hier ein lokaler Club namens Anketraka antreten. Aber nur gegen wen? Das weiß ich bis heute nicht. Verbale Auskünfte widersprachen sich, schriftliche Aufzeichnungen habe ich keine. Vor Ort war mir das auch ziemlich egal. Disqualifiziere ich mich damit schon im ersten Kapitel für das Genre „Groundhopping-Berichte"? Das, allerdings, war auch nie mein Begehr.

Es ist heiß, ich bin froh, ein schattiges Plätzchen gefunden zu haben, genieße einfach die Atmosphäre und bin damit zufrieden. Es scheint, als hätte ich den Rhythmus des Lebens hier bereits ganz gut angenommen.

Für die Reise zurück nach Tana – selbst die Madagassen kürzen den Namen ihrer Zungenbrecher-Hauptstadt Antananarivo aus Bequemlichkeit ab – nehme ich einen Inlandsflug der Air Madagascar und spare mir damit zwei bis drei Tage Landweg. Ein Flug ohne irgendwelche Sicherheitskontrollen und das Flughafengebäude nicht größer als eine gewöhnliche S-Bahn-Haltestelle. Mit dem handschriftlich ausgestellten Ticket betrete ich den Flieger, als wäre es ein Stadtbus. Das Fluggerät selbst ist top modern und wirkt im Vergleich zum ganzen Drumherum vertrauenswürdig. Bevor es wieder nach Hause geht, habe ich noch zwei Tage Puffer in Tana eingeplant. Ziellos schlendere ich durch die Gassen und Märkte, lege immer wieder eine Pause ein und beobachte das bunte Treiben. Mein Puls geht umgehend in die Höhe, als mir plötzlich ein Plakat ins Auge fällt:

Final de Coupe / AS Adema vs. Iarivo FC / 30 Novembre / Stade de Mahamasina

Pokalfinale im Nationalstadion? Am 30. November? Zefix, das war vorgestern! Ich seufze laut auf. Sehr ärgerlich, aber ändern lässt sich das nicht mehr. Dann muss ich wohl noch einmal in dieses wunderbare Land, um mir den Länderpunkt gemäß sämtlicher bestehender Kriterien gutschreiben lassen zu können.

Begehrte Plätze auf der Haupttribüne in Toliara.

Katar

Erst vor wenigen Tagen hatte die FIFA den Ausrichter der Fußball-Weltmeisterschaft 2022 verkündet. Ich habe mich noch nicht ganz von dem Schock erholt, den ich erlitt, als Sepp Blatter das Kuvert öffnete und der verblüfften Weltöffentlichkeit den Zettel mit der Aufschrift „Qatar“ präsentierte. Es ist ja nicht so, dass mich fragwürdige Entscheidungen dieses Verbandes groß überraschen würden, aber mal ehrlich: Wie kann man denn guten Gewissens eine WM in einen Zwergstaat vergeben, wo im Sommer mit Temperaturen bis zu 50 Grad Celsius zu rechnen ist und Fußball in der Gunst der Bevölkerung weit hinter der Falknerei und Kamelrennen rangiert? In einen Staat, der nicht gerade für die Wahrung der Menschenrechte bekannt ist? Die Antwort darauf kennen wir alle.

Bis dato wusste ich über diesen Golfstaat nicht viel mehr als eben das. Ich begann ein wenig zum Emirat zu recherchieren. Und siehe da: Bereits im kommenden Januar 2011 sollte dort die Endrunde der Asien-Meisterschaft ausgespielt werden. Das wäre die ideale Gelegenheit, um mir selbst ein Bild zu machen. Auf die WM hatte ich ohnehin keinen Bock. Zum einen würde jetzt im Januar bei angenehmen 20 bis 25 Grad gespielt werden, zum anderen reizte mich der gewisse Exotikfaktor des AFC Asia Cups, wenn sich fußballerische Außenseiter wie Usbekistan oder Indien mit vermeintlichen Schwergewichten wie Japan oder Australien messen würden. Vielleicht käme es sogar zu einem Aufeinandertreffen von Nord- und Südkorea. Zumindest Irak gegen Iran stand schon in der Vorrunde auf dem Programm. Das klang reizvoll. Warum also nicht kurz dem Winter entfliehen? Drei Mitfahrer waren schnell gefunden und innerhalb von drei Tagen hatten wir unsere Flüge, eine Unterkunft sowie die gewünschten Eintrittskarten gebucht.

Da wir alle aus unterschiedlichen Richtungen anreisten, sollte der Flughafen Istanbul unser Treffpunkt sein. Es blieben uns fünf Stunden für einen kurzen Ausflug in die City: ein wenig umsehen und ein letztes Bier genießen. Dabei sollte es für eine Woche auch bleiben. Die Einfuhr von Alkohol nach Doha war verboten (bei der Ankunft am Flughafen wurde kontrolliert) und es gab genau einen Laden mit staatlicher Lizenz, der an nicht-muslimische Ausländer mit Aufenthaltstitel, nicht aber an Touristen, verkaufen darf. Diese Option fiel also aufgrund fehlender Kontakte vor Ort flach. Blieben die Bars der 5-Sterne-Hotels, bei Preisen von acht bis zehn Euro für den halben Liter. Wir einigten uns auf Abstinenz, wir waren ja schließlich in Sachen Fußball unterwegs und nicht zum Bechern. Gegen zwei Uhr morgens landeten wir am internationalen Flughafen Doha. Mich überraschte, dass das für die Passkontrolle zuständige Personal ausschließlich weiblich war – freilich alle mit Hijab. Die Einreise gestaltete sich angenehm unproblematisch, ein Visum für 30 Tage kostete 100 Qatari Riyals (etwa 25 Euro). In der Ankunftshalle erwartete uns bereits Abdul, ein netter Kerl, mit dem ich zuvor über ein Reiseforum kommuniziert hatte. Er hatte uns einige hilfreiche Tipps gegeben und wollte uns unbedingt vom Flughafen abholen und zum Hotel fahren (welches keine fünf Fahrminuten entfernt lag). Geld nahm er nicht, sondern gab mir seine Telefonnummer für den Notfall, welcher glücklicherweise nicht eintrat.

Dank eines Einführungsangebots in einem just eröffneten Hotel nannten wir die kommenden Tage gleich zwei Suiten unser Zuhause: mit drei Schlafzimmern, eigenen Bädern, komplett ausgestatteter Küche, großzügig angelegtem Wohnbereich sowie Fernsehern in allen Zimmern, außer im Bad. Kostenpunkt 25 Euro pro Person und Nacht. Der Pool auf der Dachterrasse war noch nicht in Betrieb und einige Beschäftigte hatten wohl noch nie in einem Hotel gearbeitet. Die Zimmer wurden zwar geputzt, aber Handtücher mussten wir Tag für Tag anfordern. Derlei Nachlässigkeiten wussten wir großzügig zu entschuldigen.

Eintrittskarten konnten bequem online gebucht und vor Ort abgeholt werden. Man musste sich nur zu den Vorverkaufsstellen in eines der großen Einkaufszentren begeben. Kaum hatten wir mit der City Center Mall die größte ihrer Art erreicht, bemerkte ich, dass ich die ausgedruckte Buchungsbestätigung im Hotel liegengelassen hatte. Mit dem Taxi nochmal zurück wäre aber teurer gekommen, als gleich neue Tickets zu kaufen. Schließlich waren die angesetzten Preise sehr fanfreundlich gestaltet: Drei Kategorien standen zur Auswahl, zu jeweils drei, fünf oder acht Euro. Nur das VIP-Ticket fürs Finale zu 30 Euro fiel aus dem Rahmen, solange wollten wir ohnehin nicht bleiben.

Der AFC Asian Cup 2011 wurde in fünf Stadien ausgespielt, vier davon innerhalb des Stadtgebiets von Doha gelegen. Natürlich planten wir, alle fünf zu besuchen, dazwischen wollten wir die Stadt erkunden. Austragungsort unseres ersten Spiels war der Qatar Sports Club, zwanzig Minuten Fußweg von der Mall. Wir beschlossen, uns per pedes auf den Weg zu machen. Schnell zeigte sich, dass die Stadt nicht für Fußgänger konzipiert war. Bei einem Spritpreis von nur 14 Cent pro Liter wird jede noch so kurze Strecke gefahren. Bürgersteige oder Gehwege sind dünn gesät. Nach dem Überqueren einiger vierspuriger Verbindungsstraßen erreichten wir die Anlage des QSC. Der nationale Spielbetrieb in Katar erstreckt sich über zwei Ligen: mit zwölf Vereinen in der ersten Liga (Qatar Stars League) und weiteren sechs Vereinen in der zweiten Division. Die meisten Clubs kommen aus Doha (sonst ist ja an bewohntem Gebiet auch nicht viel geboten), wobei alle über ihr eigenes Stadion verfügen. Eines davon eben der Qatar Sports Club. Einige weitere, nicht fürs Turnier vorgesehene Anlagen dienten als Trainingsstätten für die teilnehmenden Mannschaften. In diese Stadien, wie die von Al-Ahli und Al-Arabi, konnten wir uns im Laufe der Woche mal reinschmuggeln (eher wurden wir mit offenen Armen empfangen), mal erhielten wir eine Stadionführung vom Vereinspräsidenten persönlich oder wurden mit Souvenirs beschenkt.

Sonntag, 9. Januar 2011 / Japan – Jordanien 1:1 / Qatar Sports Club, Doha / 6.255 Zuschauer

An den Einlasskontrollen passierten wir Metalldetektoren, wie man sie von Flughäfen kennt. Getränke mit reinzunehmen, war tabu und Feuerzeuge wurden konfisziert. Alle Stadien waren als komplette Nichtraucherzonen gekennzeichnet. Das QSC-Stadion ist mit Ausnahme der Haupttribüne nicht überdacht und fasst 20.000 Zuschauer, war aber für unser persönliches Auftaktspiel nur zu gut einem Drittel gefüllt. Das Turnier selbst war schon zwei Tage vorher eröffnet worden.

Unter den Zuschauern waren einige Japaner auszumachen; die Jordanier waren aber klar in der Überzahl. Dabei war nicht eindeu-

Verkehrszeichen in Doha.

tig zu erkennen, wer extra angereist war, oder wer hier lebte, um sein täglich Brot zu verdienen. Ich hatte den Eindruck, dass sich die Qataris eher auf Seiten der Jordanier schlugen. Auf dem Platz war Japan eine regelrechte Enttäuschung, und das bei so bekannten Namen wie Kagawa, Honda und Hasebe in der Startaufstellung. Die Jordanier dominierten das Spiel und hätten den Sieg verdient gehabt, doch Yoshida sollte ihnen mit dem Ausgleichstreffer in der Nachspielzeit einen Strich durch die Rechnung machen. Am Ende stand ein glücklicher Punktgewinn für die schwachen Japaner. Insgesamt ein vergnüglicher Auftakt an einem sonnigen Nachmittag mit einer eher mittelmäßigen Vorstellung auf dem Platz. Das Catering beschränkte sich auf allerlei Knabberzeug und Süßkram sowie Wasser, Softdrinks und dem berühmt-berüchtigten Pocari Sweat, der unangefochtenen Nummer Eins unter den isotonischen Getränken. Ich hielt vergeblich Ausschau nach irgendwelchen Souvenirs oder Merchandise. Ein Infostand des Fernsehsenders Al-Jazeera Sports war alles. Keine Programmhefte, T-Shirts oder Pins. Nur die bunten Eintrittskarten erfreuten das Sammlerherz ein wenig. Zur WM wird alles gut vermarktet sein und es gibt dann vielleicht sogar alkoholfreies Heineken im Stadion.

Montag, 10. Januar 2011 / Indien – Australien 0:4 / Al-Sadd Stadium, Doha / 9.783 Zuschauer

Tags darauf ging es ins Al-Sadd-Stadion (offiziell: Jassim Bin Hamad Stadium). Ein modernes, komplett überdachtes All-Seater, in schwarz und weiß gehalten, für 15.000 Zuschauer. Ein reines Fußballstadion, wie man es etwa in England oder Holland vermuten könnte. Und auch wenn es das kleinste Stadion des Turniers war, erwies es sich für die Partie Indien gegen Australien als zu groß. Indien stellte die wohl schwächste Mannschaft des Wettbewerbs: Seine schmächtigen Spieler wirkten gegen die robusten Australier wie eine Schülermannschaft gegen eine Rugby-Auswahl. Die von Holger Osieck trainierten *Aussies* boten jetzt beileibe keinen technisch versierten Fußball, aber zu einem lockeren 4:0 reichte es allemal. Indien hatte nicht den Hauch einer Chance. Auch abseits des Platzes war einiges geboten. Nein, keine beeindruckenden Choreographien oder melodischen Gesänge. „Was hier auf der Tribüne los ist, ist spannender als das Spiel", wie einer meiner Mitreisenden bemerkte. Das Publikum bestand größtenteils aus Indern, die zum ersten Mal im Stadion waren und auch wirklich jeden Ballkontakt oder Einwurf mit einem Raunen bedachten, als wäre es eine hundertprozentige Torchance in der letzten Minute des Pokalfinales. Bevor es soweit war, mussten die Plätze ordnungsgemäß eingenommen werden – wenn man schon mal ein Ticket mit aufgedrucktem Sektor/Reihe/Platznummer hat. Bis gegen Ende der ersten Hälfte wurden fleißig Plätze getauscht, Leute verscheucht und Sitz für Sitz aufgerückt. War das erledigt, wurden die überdimensionierten Fresskörbe ausgepackt: Genug, um drei Wochen in der Wildnis ausgesetzt überleben zu können. Und alle hatten ihren Spaß. Ein Kinobesuch in Indien läuft übrigens nicht viel anders ab.

Um den Abend thematisch passend abzurunden, wählten wir das indische Lokal gegenüber unserem Hotel. Dort befanden sich nebeneinander gleich drei gastronomische Betriebe, die ganz auf die Bedürfnisse der billigen Arbeitskräfte zugeschnitten waren: ein indonesisches, ein türkisches und eben ein südindisches Restaurant, die wir alle mehrfach aufsuchen sollten. Gute, authentische Küche für kleines Geld. Von der Atmosphäre her auch eher wie eine Betriebskantine. Garantiert keine einheimischen Katarer unter den Gästen, geschweige denn westliche Touristen, die es ja ohnehin kaum gibt. Für wirklich leckere Curries mit Reis, Naan und Erfrischungsgetränken belief sich die Rechnung auf zwei bis drei Euro pro Person. Eine Weinkarte gab's auch hier nicht, und Besteck nur auf Anfrage.

Dienstag, 11. Januar 2011 / Irak – Iran 1:2 / Ahmed bin Ali Stadium, Al-Rayyan / 10.478 Zuschauer

Das Stadion von Al-Rayyan war das einzige dieses Turniers außerhalb von Doha. Es liegt etwa 15 Kilometer entfernt an einer Wüstenfernstraße. Ohne eigenes Fahrzeug waren wir zunächst ein wenig besorgt, was unseren Transport anging. Taxis sind selbst tagsüber im Stadtgebiet schwer zu finden und nur an den Shopping Malls anzutreffen. Wie sollte es dann erst nach einem Abendspiel in der Wüste aussehen? Hinkommen war jedenfalls kein Problem. Und zurück würden wir schon eine Mitfahrgelegenheit finden.

Kurz vor dem Spiel gerieten wir noch vor dem Stadion in einen irakischen Hinterhalt – oder eher eine Guerilla-Marketing-Aktion: Es wurden irakische Trikots und kleine Fähnchen verteilt, die aber kurz darauf am Eingang von der Security wieder einkassiert wurden. Das Problem: ein nicht lizenzierter Sponsorenname war auf Arabisch aufgedruckt. Wir hatten die Situation zum Glück schnell erkannt und unsere Souvenirs unter unseren Jacken verschwinden lassen. Schade, dass es sich bei den Shirts um Kindergrößen handelte.

Leider erschienen zum Spitzenspiel im 25.000er auch nur rund 10.000 Zuschauer. Unsere Plätze befanden sich im Sektor der Iraker, die eine Zwei-Drittel-Mehrheit für sich verbuchen konnten. Die Stimmung war diesmal von beiden Seiten richtig gut, zum Teil wurde es richtig laut. Die Atmosphäre war ausgelassen und fröhlich, ohne jedwede Animositäten oder gar Gewaltandrohungen. Auch auf dem Platz dominierten die von Wolfgang Sidka betreuten Iraker die erste Halbzeit und gingen mit 1:0 in Führung. Wir nutzen die Pause, um die Seite zu wechseln, sodass wir uns auch ein Bild der iranischen Gefolgschaft machen konnten. Und siehe da: Frauen im Stadion, singend und tanzend, noch dazu ohne Kopftuch. Zuhause in Teheran würde das gleich vier Straftatbestände erfüllen. Umso mehr freute es mich, dass die Iraner das Spiel in der zweiten Hälfte drehten, unter tosendem Applaus den Ausgleich erzielten und sechs Minuten vor Schluss sogar noch den Siegtreffer landeten. Die Euphorie unter den Fans war ansteckend.

Junger irakischer Fan beim Asien-Cup in Katar 2011.

Wir sahen das beste Spiel der Tour und mussten nur noch zurückkommen. Unsere Sorge war völlig unbegründet. Draußen standen unzählige türkise Karwa-Taxis in Reih und Glied und warteten auf Kundschaft. Das waren mehr, als wir je zuvor in Doha gesehen haben.

Vor dem Abendspiel am Mittwoch hatten wir noch reichlich Zeit totzuschlagen. In Doha gibt es nicht viel zu besichtigen. Das sehenswerte Museum of Islamic Art hatten wir schon tags zuvor besucht, also ging es eben in die Villagio Mall, einen weiteren Shopping-Tempel gegenüber des Al-Khalifa-Stadions. Das Villagio ist ein bisschen Disneyland, mit venezianischen Ladenfassaden und gewölbter Deckenkonstruktion, himmelblau und mit kleinen Wölkchen bemalt. Man kann sich in einer elektrischen Gondel auf einem künstlichen Kanal zum nächsten Starbucks schippern lassen. Neben einer Achterbahn findet man auch eine Eislaufbahn, wo die Qatar Raiders umgeben von Fast-Food-Restaurants ihre Eishockeyspiele austragen. Zum Shoppen, dem eigentlichen Sinn und Zweck einer Mall, kamen wir nicht. Es hatte gerade keiner Bedarf an Louis-Vuitton-Taschen und für einen neuen Lamborghini reichte das Taschengeld auch nicht. Wieder raus an die frische Luft. Zwischen Mall und Stadion befindet sich mit dem dreihundert Meter hohen Aspire Tower Katars höchstes Gebäude. Der Turm wurde im Rahmen der Asienspiele 2006 errichtet und erinnert in seinem Design an eine Fackel. Von oben soll sich ein toller Ausblick bieten, doch leider war die Aussichtsplattform geschlossen.

Mittwoch, 12. Januar 2011 / China – Katar 0:2 / Al-Khalifa-Stadion / 30.778 Zuschauer

Das Khalifa ist Katars größtes (50.000 Zuschauerkapazität) und Nationalstadion. Es soll als einziges für die WM 2022 genutzt werden, während der Rest noch aus dem Boden gestampft wird. Die Gastgebernation eines Turniers zieht üblicherweise die meisten Zuschauer – das ist hier auch nicht anders. Allerdings war bislang weder das Eröffnungsspiel gegen Usbekistan (37.143 Zuschauer) noch die heutige Partie gegen die Volksrepublik China (30.778 Zuschauer) ausverkauft. Für die Sammler unter uns wurden diesmal weinrote „Seidenschals" (sprich Polyester) mit Qatar-Aufdruck ausgehändigt. Das Khalifa-Stadion ist ziemlich beeindruckend – wir hatten gute Plätze entlang der Längsseite. Zur Animation des Publikums bekam jeder Sektor einen Capo zugeteilt, der per Megaphon zu Sprechchören und rhythmischen Klatschen aufforderte, was ganz gut gelang (aber jetzt bitte nicht an europäische Ultra-Szenen denken). Es war mal wieder Zeit für unsere Tipprunde und mit Ausnahme der Niederlage Indiens lagen wir alle immer daneben. Dieser Tradition sollten wir auch heute treu bleiben. Denn wer hätte geglaubt, dass das kleine Katar das riesige China mit 2:0 in die Knie zwingen würde? Und das nicht einmal unverdient. Die Begeisterung war zu spüren. Etliche schienen nun endgültig vom Fußballfieber gepackt worden zu sein. Vielleicht war es auch das Spektakel an sich, welches die Leute aus sich herausgehen ließ. Es bleibt abzuwarten, ob diese Begeisterung von Dauer sein wird.

denn das frühe Ausscheiden ihres Teams verkrafteten. Sie lachten. Das wäre ihnen eigentlich egal, das könne ihre Freude nicht trüben, denn schließlich wären sie gerade das erste Mal im Ausland, und das wäre schon etwas ganz Besonderes.

Freitag, 14. Januar 2011 / Australien – Südkorea 1:1 / Al-Gharafa Stadium, Doha / 15.526 Zuschauer

Schon war unser letzter Tag in Katar angebrochen. Noch ein neuer Ground und ein letztes Spiel warteten vor unserem Rückflug um 2:55 Uhr morgens auf uns. Beim Betreten des Stadions beschlich mich ein Déjà-vu, als wäre ich schon einmal hier gewesen. Natürlich war ich das nicht, aber ganz unbegründet war meine vermeintliche Sinnestäuschung doch nicht: Beim Al-Gharafa-Stadion handelt es sich nämlich nahezu um eine 1:1-Kopie des kürzlich besuchten Al-Rayyan-Stadions. Zwei fast deckungsgleiche Arenen mit gleichem Layout und Tribünen. Nur die Farbgebung der Sitze unterschied sich: Statt schwarz und rot waren sie hier in blau und gelb gehalten.

Mit Australien und Südkorea standen sich heute zwei Titelfavoriten gegenüber. Die Südkoreaner begeisterten mit quirligem, schnellem Spiel und gingen auch verdient in Führung, vermochten es aber im Anschluss nicht, diese auszubauen. Chancen dazu gab es genug. Die Australier wirkten lange Zeit eher behäbig und technisch etwas überfordert, kamen aber in der zweiten Hälfte besser ins Spiel und erzielten sogar den Ausgleich. In der Schlussphase nahm das Spiel nochmal Fahrt auf und es ging hektisch hin und her. Unterm Strich blieb ein schmeichelhafter Punktgewinn für Australien, während die Koreaner als gefühlte Verlierer vom Platz gingen. Während die paar wenigen australischen Fans nur kurz zum Torjubel in Erscheinung traten, war die koreanische Anhängerschaft mehr oder weniger durchgängig zu vernehmen. Bei vielen dürfte es sich aber nicht um typische Fußballfans gehandelt haben, die um die halbe Welt angereist waren, sondern eher um Leute, die beruflich im Land waren. So hatte zum Beispiel auch die Korean School Doha ein eigenes Banner gefertigt, um es an den Zaun zu hängen. Zu guter Letzt brachten wir zu unserem letzten Spieltag in Erfahrung, dass das Organisationskomitee kostenlose Shuttle-Busse bereitstellte, welche die Fans vom Stadion an einige Punkte in der City beförderten. Das wurde nirgends beworben oder ausgeschildert. Da die meisten Katarer ohnehin selbst fahren, wurde dieser Service auch kaum in Anspruch genommen. Zumindest wir vier kamen zum Abschluss noch in den Genuss des Gratis-Fahrdienstes. Unsere Aus- und Rückreise in derselben Nacht verlief ohne weitere Hindernisse. Insgesamt hatten wir einen sehr angenehmen Aufenthalt im Emirat. In vielerlei Hinsicht war einiges sogar besser als erwartet. Nette, hilfsbereite Menschen und mitunter großartiges Essen zu günstigen Preisen. Zudem ein angenehmes Klima (im Winter!). Hinsichtlich Infrastruktur und Organisation sind bis zur WM sicherlich noch einige Hausaufgaben zu erledigen, aber diesbezüglich mache ich mir keine Sorgen. Katar möchte sich als guter Gastgeber präsentieren, und am Geld wird es sicherlich nicht scheitern. Man hat nämlich so viel davon, dass man einfach alles kaufen oder bauen kann, was einem in den Sinn kommt. Ob dieses Vorgehen besonders nachhaltig ist, bezweifle ich – ebenso, dass sich das Land in den nächsten zehn Jahren zu einer nennenswerten Fußballnation entwickelt. Es bleibt spannend.

Nachtrag

Kaum ein kritisches Wort zur Situation der Menschenrechte, der Versklavung von Arbeitern oder der Korruption? Warum? Diese Schilderung meiner Beobachtungen und Erlebnisse entstand im Januar 2011 während beziehungsweise unmittelbar nach meinem Besuch und wurde nicht nachbearbeitet. Seitdem sind inzwischen mehr als zehn Jahre vergangen und es ist einiges an die Oberfläche gekommen, was mir (und auch der breiten Öffentlichkeit) damals noch nicht bewusst war. Ins Auge fiel mir bereits, dass gefühlt alle Katarer unendlich reich sind und eigentlich nur mit der Verwaltung oder Vermehrung ihres Reichtums beschäftigt sind, während quasi alle Arbeiten von Migranten, vornehmlich aus dem südasiatischen Raum, erledigt werden – angefangen vom Taxifahrer über Dienstleistungen aller Art bis hin zu den Baustellen. Was mir vor zehn Jahren aber nicht bewusst war, war das tatsächliche Ausmaß und das unmenschliche System, welches dahintersteckt. Somit erachte ich die Austragung der WM dort mittlerweile als inakzeptabel.

Kolumbien

Wir schreiben Dienstag, den 19. Juni 1990. Um 17 Uhr trifft im San Siro von Mailand das noch nicht wiedervereinte Deutschland (West) im Rahmen der Fußballweltmeisterschaft auf die Vertretung Kolumbiens.

Es war ein heißer Tag in der Lombardei. Am Vortag war ich mit ein paar Freunden in einem Ford Granada Kombi aus dem Raum München kommend gen Süden aufgebrochen. Unterwegs lauschten wir auf Musikkassette den Klängen zeitgenössischer Schlager wie etwa dem englischen WM-Hit *World in Motion* von New Order oder *Azzurro* von den Toten Hosen. Genächtigt haben wir aufgrund finanzieller Engpässe auf einem Campingplatz am Comer See. Weit nach Einbruch der Dunkelheit eingetroffen, wurden wir vom Pförtner mit offenen Armen empfangen: Die Übernachtung für WM-Besucher wäre heute gratis. Die Italiener waren stolz auf ihre WM, und das war zu spüren. Keinerlei Animositäten gegenüber Fans aus anderen Ländern, sondern echte Herzlichkeit. Als Willkommensgruß gab es zwei Flaschen Rotwein aufs Haus. Fußball war sofort das Thema, und unsere Standardantwort auf die Standardfrage der Italiener, wer denn Weltmeister werden würde, war in diesen Tagen entgegen aller Erwartungen stets „Kamerun!“. Damit war das Eis meist gebrochen. Haha, Bekloppte eben, die keine Ahnung vom Fußball haben. Deutsche, die nicht auf Deutschland tippen. Was stimmt denn mit euch nicht? Von wegen: Von einer Welle der Sympathie getragen, zogen die Afrikaner rund um Roger Milla immerhin ins Viertelfinale ein. Aber darum soll es hier nicht gehen. Es wurde noch eine lange, unterhaltsame Nacht. Die Stimmung war ausgezeichnet und die Vorfreude aufs morgige Spiel groß.

Am Spieltag ging es übermüdet zum Mannschaftshotel, um bei unserer Kontaktperson die Karten abzuholen (seines Zeichens DFB-Torwarttrainer, der 16 Jahre zuvor selbst den Pokal in die Höhe recken durfte). Das klappte reibungslos. Nur umsonst war heute nichts: Die 30 DM für das begehrte Billet waren mehr, als ich je zuvor für ein Fußballspiel bezahlt hatte. Zuhause im Grünwalder Stadion bekam ich die ermäßigte Jugendkarte für 5 DM. Doch das eine war Bayernliga, das andere WM.

Die Karre in Stadionnähe abgestellt und nichts wie rein ins Giuseppe-Meazza-Stadion. Die DFB-Auswahl war nach zwei Siegen in den ersten beiden Vorrundenspielen gegen Jugoslawien und die Vereinigten Arabischen Emirate bereits fürs Viertelfinale qualifiziert. Kolumbien benötigte noch mindestens einen Punkt, um als einer der besten Gruppendritten in die K.O.-Runde einziehen zu dürfen.

Vom Spiel habe ich nur noch in Erinnerung, dass sich beide Teams recht schwer darin taten, das Spielgerät im gegnerischen Kasten unterzubringen. Erst in der 88. Minute gelang Pierre Littbarski das späte 1:0, welches die Südamerikaner dann mehr oder weniger mit dem Schlusspfiff egalisierten. Was sie verständlicherweise auch wie die Wahnsinnigen zu feiern wussten. Und dann waren da natürlich all die „Typen“ der kolumbianischen Auswahl: Goldlöckchen Carlos Valderrama, Genie und Wahnsinn in einem. Der artistische Torhüter René Higuita, der eine ganz eigene Interpretation seiner Spielposition pflegte. Freddy Rincón, dessen Ausgleichstreffer in der Nachspielzeit eine ganze Nation in Ektase versetzte und ihn „unsterblich“ machte, während Andrés Escobar genau das gegenteilige Schicksal ereilen sollte, nachdem er in Folge seines tragischen Eigentors bei der WM 1994 nach der Rückkehr in sein Heimatland erschossen wurde. Eine durchgeknallte Truppe aus einem zerrütteten Land – vielleicht gerade deswegen auch so faszinierend und liebenswert. Kolumbien galt in den Achtziger- und Neunzigerjahren als eines der gefährlichsten Länder der Welt. Die Macht lag in der Hand von Drogenkartellen, allen voran jenem aus Medellín unter der Regie von Pablo Escobar. Mord und Totschlag zählten zur Tagesordnung. Kein gutes Reiseziel.

23 Jahre später sitze ich in einer *Buseta,* einem Minibus, auf dem Weg nach Santiago de Cali vorne neben dem Fahrer. Draußen ziehen Kaffeeplantagen und Zuckerrohrfelder vorbei. Die Sonne scheint und es ist angenehm warm. Aus dem Radio klingt Salsa. Wir unterhalten uns – sofern es mein rudimentäres Spanisch erlaubt – darüber, welches Obst und Gemüse in Deutschland wächst, ob die Frauen nun in Cali, Medellín oder Bogotá schöner wären

(oder vielleicht doch jene von der Karibikküste), und eben über Fußball: Die eingangs erwähnte WM-Partie erfüllt selbst heute noch viele Kolumbianer mit Stolz. Ein Unentschieden gegen den späteren Weltmeister! Das hat bei dieser WM keine andere Mannschaft vollbracht. Im Rezitieren der Mannschaftsaufstellungen muss ich mich dem Fahrer geschlagen geben. 1:0 für ihn. Doch die Erwähnung der Tatsache, dass ich damals persönlich vor Ort war, bringt ihn völlig aus dem Häuschen. Seine Stimme erhebt sich und wird zugleich etwas zittrig: „Ganz Kolumbien hat getanzt, als der Ausgleich fiel." Punktsieg für mich.

Im November 2013 zog es mich also nach Kolumbien. Doch gleich vorweg: Wer so blöd ist, eine Umsteigeverbindung in den USA zu buchen, ist selbst schuld! In der Annahme, ein Umstieg in Miami erfolge wie andernorts auf dieser Welt über einen Transitbereich, in dem man sich lediglich vom Ankunfts- zum Abfluggate bewegen müsse, buchte ich das günstigste Ticket (Berlin-Miami-Bogotá und zurück mit Air Berlin respektive American Airlines). Doch weit gefehlt! Wer ahnt schon, dass man bei einem

Catering bei den Millonarios in Bogotá.

Umstieg in den Vereinigten Staaten komplett ein- und ausreisen muss (einschließlich Fingerabdrücken und Fotografieren), ein Visum/ESTA benötigt, und zudem sein Gepäck abholen, durch den halben Flughafen schleppen und wieder einchecken musste? Ich jedenfalls nicht. Glücklicherweise habe ich noch rechtzeitig vor Reiseantritt davon erfahren, sodass ich meine elektronische Einreiseerlaubnis erneuern konnte. Aufgrund der langen Wege und der zahlreichen, nicht enden wollenden Schlangen ist das Erreichen des Anschlussfluges selbst bei einer Übergangszeit von drei Stunden kaum oder – wie in meinem Falle – gar nicht möglich. Nie wieder!

Einen Tag später als geplant in Bogotá angekommen, fiel mir der moderne Flughafen positiv auf. Die Ruinen des alten Terminals und des Towers vom Aeropuerto El Dorado sind noch nicht ganz abgetragen, drum herum wurde einfach schon mal das neue Gebäude aus dem Boden gestampft. Die Einreise gestaltete sich erfrischend unkompliziert, flugs hatte ich den Stempel im Pass und wurde mit einem freundlichen „Bienvenidos a Colombia" begrüßt. Selbst die weltweit gefürchteten Flughafentaxifahrer sorgten hier für alles andere als Nervenkitzel oder Aufregung: Der pauschale Fahrpreis ins Altstadtviertel Candelaria betrug faire 20.000 Pesos (keine 8 Euro) und entsprach meinen im Voraus getätigten Recherchen. Am frühen Nachmittag bezog ich Quartier im Kneipenviertel. Zeit nehmen, um gemütlich anzukommen: ein Spaziergang durch die bunten Gassen, gefolgt von Nahrungsaufnahme in Form von Empanadas (mit Fleisch und/oder Gemüse, Käse gefüllte Teigtaschen). Auch wettertechnisch begrüßte mich Bogotá von seiner freundlichen Seite: Sonnige 20 °C und das bei einer Lage auf 2.625 Metern über dem Meeresspiegel. Nachts kühlt es auf 10 °C oder weniger ab. Richtig ungemütlich wird es, wenn es mal regnet. Das ist in den Bergen keine Seltenheit und erinnert an einen nasskalten Herbsttag in heimischen Gefilden.

Um mir einen Überblick über die Ausmaße der Hauptstadt zu verschaffen, nahm ich die Seilbahn hoch zum auf 3152m gelegenen Cerro de Monserrate, der als Hausberg über Bogotá thront. Gegen per pedes sprachen Bequemlichkeit und dünne Luft. Fleece-Pulli und Regenschirm schleppte ich unnötigerweise mit hoch. Dort oben trifft man vor allem einheimische Ausflügler, eine Handvoll ausländischer Touristen und – keine Nepper, Schlepper, Bauernfänger, die es leider weltweit an Punkten von touristischem Interesse gibt. Am Gipfel finden sich einige Imbissbuden und eine Wallfahrtskirche, von der sich ein imposanter Ausblick auf den im Tal liegenden Moloch bietet. Gut acht Millionen Menschen bevölkern die bis an den Horizont ausufernde Metropole. Das von Hochhäusern und Einkaufsstraßen dominierte Wirtschaftszentrum in der Stadtmitte geht darin fast unter. Weiter im Norden liegt die Zona Rosa: In Kolumbien bezeichnet dieser Begriff die jeweils bessere Gegend einer Stadt, wo Besserverdiener und Gringos verkehren und sich die teuren Hotels und Restaurants befinden. Unweit des Zentrums am Fuße des Berges liegt die Altstadt Candelaria, die mit preiswerten Fressbuden, billigen Spelunken und mitunter zwielichtigen Gestalten aufwartet – quasi „mein Viertel".

Mein Blick richtete sich auf El Campín, dem mit einem Fassungsvermögen von rund 36.000 Plätzen drittgrößten Stadion des Landes, welches sich die beiden großen Hauptstadtvereine Millonarios und Santa Fe teilen. Genau dorthin sollte es tags darauf zum Abhaken des fälligen Länderpunktes gehen. Vor geraumer Zeit plante man in Bogotá mal den Bau einer U-Bahn. Dazu kam es bekanntermaßen bis jetzt nicht. Basierend auf dem anvisierten Liniennetz richtete man überirdisch gesonderte Spuren für Expressbusse ein, die heute unter dem Namen Transmillenio die Stadt durchziehen. Damit entkommt man dem anhaltenden Verkehrschaos und kommt für gut 70 Cent von A nach B. Und auch direkt zum Stadion. Sehr praktisch.

3. November 2013 / Millonarios – Deportes Tolima 2:1 / Estadio Nemesio Camacho „El Campín", Bogotá / 17.000 Zuschauer

Gerade mal zwei Tage im Lande und keine Ahnung, was mich hinsichtlich Stadtviertel und Stadionerlebnis erwarten würde, begab ich mich mit einer gehörigen Portion Vorsicht und offenen Auges Richtung Stadion. Meine Erfahrungen aus Buenos Aires lehrten mich, dass die meisten Grounds außerhalb der mehr oder weniger sicheren (von Touristen frequentierten) Gegenden liegen, mitunter in ziemlich üblen Vierteln. Das Stadionareal war weitläufig abgeriegelt. Um sich den Stadiontoren nähern zu können, musste eine Ticketkontrolle absolviert werden. Ich fragte mich zur Boleteria durch. Vor der Kartenverkaufsstelle (gleich Lottoannahme) in einer Seitenstraße lungerten zahlreiche Schwarzhändler herum, welche offensiv die Objekte der Begierde anboten. Schöner Mist, dachte ich, es kann doch nicht sein, dass die Partie gegen Tolima ausverkauft ist. Aber nein, wie sich herausstellte, wurden die Tickets allesamt unter Preis angeboten. Jetzt ging es nur noch darum, die Händler gegeneinander auszuspielen, um den bestmöglichen Rabatt herauszuschlagen: Vorteil Gringo. Letztendlich zahlte ich den Gegenwert von etwa 10 Euro für ein 16-Euro-Ticket auf der Gegengeraden. Jetzt galt es, noch zwei Stunden bis zum Anpfiff totzuschlagen. Nichts leichter als das: Weitläufig um das Stadion herum hatten sich zahlreiche mobile Verkaufsstände positioniert, die ihre Ware feilboten.

Und was dem argentinischen Stadionbesucher die Choripán (deftige Grillwurst in der Semmel) ist, das ist dem Kolumbianer der Super Hamburguesa mit Bacon, Käse, Röstzwiebeln und was-weiß-ich-noch-allem. Als Soßen stehen mindestens ein halbes Dutzend Variationen bereit, darunter Exoten wie die schmackhafte Ananas-Salsa. Den Magen für knapp zwei Euro gefüllt, musste jetzt zum Runterspülen ein Bier her. Wie überall in Kolumbien bieten Tante-Emma-Läden ein paar Sitzgelegenheiten, wo die Leckereien auch gleich verzehrt werden können. So ist es keine Seltenheit, wenn man im Lebensmittelmarkt zwischen Waschmittelregal und Kartoffelsäcken auf einen Tisch mit fröhlichen Zechern trifft. In diesem Fall war der Laden vergittert und das kühle 0,35er der Marke Águila wurde durch die Gitterstäbe zum Verzehr auf der Terrasse gereicht. Die Einheit zu fairen 1500 Pesos (60 Cent). Spätestens jetzt war meine anfängliche Unsicherheit gegenüber dem Unbekannten verflogen. Man sitzt hier auch nicht lange allein herum: Entweder gesellen sich bald andere Gäste zu einem an den Tisch, oder man wird herangewinkt, um einige Fragen nach Beweggründen des Besuches oder Herkunft zu beantworten. Eine sehr freundliche, aufgeschlossene Stimmung.

Gerade als es begann gemütlich zu werden, rückte der Anpfiff bedrohlich nahe und ich begab mich durch die entsprechenden Schleusen zum Stadion. Die Sicherheitskontrollen beschränkten sich auf ein kurzes Alibi-Abtasten, im Handumdrehen war ich drin. Das El Campín ist eine imposante, typisch südamerikanische Schüssel, die heute mit 17.000 Zuschauern nur knapp zur Hälfte gefüllt war. Die Blöcke hinter den beiden Toren waren ebenso wie die Mitte der Gegengeraden gut bevölkert. Ansonsten blieben viele Plätze frei. Die Stimmung war ganz ordentlich, auch wenn es kein Topspiel war und die Millos kurz vor Ende der Clausura ziemlich abgeschlagen hinter Atlético Nacional auf Platz zwei rangierten. Zahlreiche Banderolen sowie Zaun- und Blockfahnen sorgten für das passende Ambiente. Pauken und Trompeten gehören hier ebenso dazu, wie die Tatsache, dass fast jeder Stadionbesucher im Vereinstrikot erscheint. Offensichtlich gibt es auf Seiten der Millos mehrere Fangruppierungen, von denen jede ihr eigenes Ding durchzieht. Auch wenn man nicht gegeneinander ansingt, so geschieht es selten, dass alle in denselben Gesang einstimmen. Am besten gefiel mir die Interpretation des Cumbia-Klassikers *La Colegiala.* Alles natürlich untermalt vom aus Argentinien bekannten „Armwackler".

Das Spiel selbst war in Ordnung – mehr aber auch nicht. Nach einer knappen Viertelstunde führten die Blauen 2:0 und begannen das Spiel zu verwalten. Für Tolima reichte es kurz vor der Pause noch zum Anschlusstreffer. Der Sieg der Hausherren war nie wirklich gefährdet. Insgesamt für südamerikanische Verhältnisse ein eher durchschnittliches Stadionerlebnis. Nett anzusehen, aber nicht umwerfend.

Weiter ging es nach Medellín, das ebenso wie Bogotá in den Anden liegt, aber nicht ganz so hoch. Hier herrscht ewiger Frühling mit angenehmen Temperaturen um die 25 Grad. Da Inlandsflüge in Kolumbien sehr günstig sind, entschied ich mich gegen die sechs- bis achtstündige Busfahrt und wählte stattdessen einen 30-Euro/30-Minuten-Flug mit der LAN, die zusammen mit der Avianca den hiesigen Markt dominiert. Der Transfer in die Stadt nimmt eine gute Stunde in Anspruch, da der Flughafen im benachbarten Tal in Rionegro liegt. Bei der Fahrt mit der Buseta über die Berge gewinnt man einen guten Eindruck davon, wie grün die Landschaft hier ist. Und Medellín ist eine Stadt, die es mir auf Anhieb angetan hat. Hier fühlte ich mich wohl. Alles ziemlich entspannt, nette Leute, angenehmes Klima und mit dem Hotel Deportista die Herberge mit dem besten Preis-Leistungs-Verhältnis dieser Reise: 8 Euro die Nacht für ein ordentliches Zimmer mit Bad, Ventilator und Satelliten-TV. Von hier aus war alles fußläufig zu erreichen – mit Ausnahme des Stadions. Dorthin verkehrt aber die Metro, eine Hochbahn mit zwei Linien, die T-förmig die Stadt durchzieht. An einigen Haltestellen kann man, ohne ein weiteres Ticket lösen zu müssen, direkt in die Seilbahnen umsteigen, welche die Siedlungen in den Bergen mit dem Stadtbereich im Tal verbinden. Von oben bietet sich bei gutem Wetter eine grandiose Aussicht auf Medellín. Während es oben recht ruhig zugeht, wuselt es in der Innenstadt umso mehr. Unzählige, auf den Bürgersteigen positionierte Stände mit frischem Obst, Snacks, Raubkopien, allerlei Ramsch und den allgegenwärtigen mobilen Mobilfunkanbietern, bei denen man für wenige Pesos in alle Netze telefonieren kann. Eigenes Handy unnötig. Zudem herrscht im Zentrum Medellíns eine Restaurant- und Kneipendichte, wie ich sie selten gesehen habe.

6. November 2013 / Atlético Nacional – São Paulo FC 0:0 / Estadio Atanasio Girardot, Medellín / 46.000 Zuschauer (ausverkauft)

Von dort, wo sich die beiden Metrolinien treffen (San Antonio), kommt man in wenigen Minuten zum Estadio Atanasio Girardot. Heute sollte Atlético Nacional im Viertelfinalrückspiel der Copa Sudamericana auf São Paulo treffen. Dieser Wettbewerb ist in etwa das Äquivalent zum UEFA-Pokal. Im Hinspiel in Brasilien musste der kolumbianische Vertreter in der Nachspielzeit den Treffer zur 2:3-Niederlage hinnehmen. Für Spannung war also gesorgt. Und es musste unbedingt ein Sieg her. Zunächst sorgte ich mich darum, eine Karte für die bereits ausverkaufte Partie zu ergattern. Auch hier schwirrten ausreichend Kartenhändler herum, allerdings gab's heute nichts unter Preis. Drei Euro Aufschlag auf das 12-Euro-Ticket – ein fairer Deal. Die Einlasskontrollen dauerten ewig, die Schlangen bewegten sich im Schneckentempo. Nach fast einer Stunde fand ich mich am Unterrang an der Seitenlinie ein. Eine Dreiviertelstunde vor Anpfiff platzte der Laden aus allen Nähten und die Stimmung war am Überkochen. Ich traute meinen Augen und Ohren kaum noch. *Vamos, vamos mi verde, esta noche tenemos que ganar* (Auf geht's, meine Grünen, heute Nacht müssen wir siegen) hallte es lautstark durchs weite Rund. War das überhaupt noch steigerungsfähig? Was würde erst los sein, wenn man den Halbfinaleinzug doch noch schaffte? Meine erste Frage wurde zum Einlaufen der Mannschaften mit einem klaren „Ja!" beantwortet. Die Lautstärke wurde um einige Dezibel hochgefahren und ein Kassenrollen- und Konfettiregen ergoss sich über das Stadion, der an einen Schneesturm erinnerte.

Spielankündigungsplakat in Medellín.

Auf dem Rasen entwickelte sich ein ansehnliches Spiel, das nicht zuletzt von der (An)spannung getragen wurde. Nacional versemmelte so einige gute Torchancen. Vor allem in der zweiten Hälfte war es mehr oder weniger ein Spiel auf ein Tor. Doch das eine, einzige, erlösende Tor sollte einfach nicht fallen. Das Publikum gab bis zur letzten Minute wirklich alles. Die komplette Gegengerade stand, besser gesagt: hüpfte und tobte. Bei der Hinchada (den Fans) hinter den Toren herrschte ohnehin Ausnahmezustand. Erst als der Schlusspfiff das torlose Remis besiegelte, kehrte Ernüchterung und Enttäuschung ein. Schade, es wäre einfach zu schön gewesen. Jedenfalls wurde mir an diesem Abend klar, wer fortan mein kolumbianischer Lieblingsverein sein sollte. *Soy del verde, soy feliz!*

Der einzig andere verbliebene kolumbianische Vertreter im Achtelfinale der Copa Sudamericana waren dankenswerterweise die Goldenen Adler (Águilas Doradas) aus Itagüí, einem Vorort Medellíns, sodass es ein Leichtes war, die beiden Spiele des Kontinentalwettbewerbs zu kombinieren.

7. November 2013 / Itagüí – Club Libertad 1:0 / Estadio Polideportivo Sur, Envigado / 2.000 Zuschauer

Da der eigene Platz wohl nicht den Anforderungen des Kontinentalverbandes Conmebol gerecht wird, wurde im Nachbarort Envigado gespielt, welcher einen weiteren Erstligaverein im Süden der Metropole stellt. Mit der Metro angereist, war der bescheidene Ground nach 20 Minuten Fußmarsch erreicht. Das Stadion besteht lediglich aus einer überdachten Tribüne mit Betonstufen ohne Sitze sowie zwei Stehplatzbereichen, die sich über ein Drittel der beiden Hintertorseiten erstrecken. Der Eintritt für die Stehplatzbereiche war heute frei. Für die Tribünenkarte musste der Gegenwert von 4,50 Euro hingeblättert werden, was aufgrund des bald einsetzenden heftigen Regens gut investiertes Geld war. Mal wieder alles richtig gemacht. Nach der 0:2-Niederlage im paraguayischen Asunción musste schon ein kleines Wunder her, um in die nächste Runde einzuziehen. Vereinzelt waren Anfeuerungsrufe zu vernehmen und es wurden auch einige Fähnchen geschwenkt, aber von einer Fanszene zu sprechen, wäre übertrieben. Gut 2.000 Schaulustige fanden an dieser tristen Veranstaltung Interesse. Wahrscheinlich wurde im Fernsehen auch nichts Besseres geboten. Hätte beispielsweise Unterhaching zu Bundesligazeiten einen europäischen Wettbewerb erreicht, wäre dort wohl ungleich mehr los gewesen. Und das soll einiges heißen. Neben dem 1:0 für Itagüí war der einzige andere Höhepunkt in einem ansonsten an Höhepunkten armen Spiel die von einem fliegenden Händler angebotenen *Buñuelos* (leckere Berliner/Pfannkuchen/Kreppel/Krapfen – wie auch immer).

9. November 2013 / Deportes Quindío – Boyacá Chicó 2:1 / Estadio Centenario de Armenia / 1.500 Zuschauer

Ungefähr auf halbem Wege zwischen Medellín und Cali liegen in der Zona Cafetera vor allem Kaffeeplantagen und mit Armenia die quirlige, aber ansonsten unauffällige Hauptstadt der Provinz Quindío, zugleich Heimat von Deportes Quindío. Für kleines Geld geht es mit einem modernen Reisebus (samt Onboard-Entertainment-System, wie man es von Langstreckenflügen her kennt) in gut sechs Stunden von Medellín nach Armenia. An einer Ausfallstraße am Rande der Stadt liegt dort das mit 20.000 Plätzen völlig überdimensionierte Estadio Centenario, welches zur U20-Weltmeisterschaft 2011 schnell hingestellt wurde. Aufgrund des geringen Zuschauerzuspruchs sollten Tickets eigentlich kein Problem darstellen – es sei denn, man erfährt bei Ankunft am Stadion, dass diese nur in der Stadt verkauft werden. Also nochmal schnell eine weitere Hin- und Rückfahrt mit dem Taxi gebucht, um an das wichtige Stück Papier zu kommen. Glücklicherweise ist Taxifahren sehr günstig. Eine Stadtfahrt schlägt mit etwa 2 Euro zu Buche. Längere Strecken in den Großstädten kosten nicht mehr als 5 Euro. Wenn auf Wunsch des Fahrers der Taxameter aus bleiben soll (oder keiner vorhanden ist), einigt man sich eben auf einen Festpreis. Während dies in vielen Teilen des Erdballs Nervenverlust und Ärger bedeuten kann, hatte ich hierbei in Kolumbien nie Probleme. Selbst das geringe Aufrunden des Fahrpreises meinerseits löste bei manchem Kutscher höchste Verzückung aus.

Um die Klasse zu halten, benötigte Quindío als Tabellenletzter einen Sieg bei gleichzeitiger Niederlage des Konkurrenten Cúcuta. Der heutige Gegner aus Boyacá war der dritte Abstiegskandidat im Bunde. Ein Sechs-Punkte-Spiel also. Aber allzu groß scheint die Begeisterung für den lokalen Verein nicht zu sein. In der Stadt trägt man eher Trikots von Nacional, oder gleich vom FC Barcelona oder Real Madrid. Von den circa 1.500 Anwesenden sorgten nur gut 50 für etwas Support. Noch vor Anpfiff wurde ein Böller gezündet, worauf ein gutes Dutzend Ordnungshüter in Kampfmontur den Übeltäter herauszog und unter großem Tamtam dingfest machte. Ziemlich albern. Nach einer schnellen Führung in der

3. Minute stand es nach zehn Minuten schon 1:1. Was gut begann, wurde schnell zu einem Grottenkick. Quindío gelang zwar kurz nach Seitenwechsel noch der Siegtreffer, worüber sich am Ende aber keiner freuen konnte, da Cúcuta überraschenderweise auswärts beim Tabellenführer in Medellín gewann. Letztendlich stiegen beide hier und heute angetretenen Teams ab. Dafür erlebte ich bei diesem Spiel den auf dieser Reise heftigsten Regenschauer. Wie auch schon in Envigado beschränkte er sich auf die Spielzeit. An- und Abreise konnten trockenen Fußes absolviert werden.

„Cali es caliente“ (Cali ist heiß), sagt man hier in Kolumbien. Und das ist wörtlich zu nehmen. Zum einen überschreiten die Temperaturen hier tagsüber locker die 30-Grad-Grenze, zum anderen gilt es als heißes Pflaster (man könnte es wohlwollend auch als temperamentvoll bezeichnen). Und dann ist Santiago de Cali auch noch die ungekrönte Hauptstadt der Salsa.

10. November 2013 / Deportivo Cali – Envigado 1:1 / Estadio Olímpico Pascual Guerrero, Santiago de Cali / 4.916 Zuschauer

An fast keinem anderen Ort Kolumbiens ist die Musik so präsent und begleitet einen durch den Alltag wie in Cali – allem voran die hier beheimatete Spielart der *Salsa rumbera* beziehungsweise *Salsa caleña* (wer wissen möchte, wie sich das anhört, einfach mal eine Suchmaschine nach Grupo Niche oder Orquesta Guayacan befragen). Doch von all dem fand ich – von der Hitze mal abgesehen – nach meiner Ankunft im Stadtzentrum erst mal gar nichts vor. Es war Wochenende und die Stadt war wie ausgestorben. Die meisten Lokale und Geschäfte waren geschlossen und kaum eine Menschenseele bewegte sich auf den Straßen. Ich wähnte mich in einer Geisterstadt. Aber nur ein paar Straßenzüge von der zentralen Plaza Caycedo entfernt fand ein Straßenmarkt statt. Da war es wieder, dieses vertraute Gewusel, das ich schon so sehr vermisst hatte. Aus den auf den Bürgersteigen platzierten Boxen dröhnten vertraute Salsa-Rhythmen, Waren aller Art wurden feilgeboten und Kinder spielten auf der für den Kraftverkehr gesperrten Straße. Zeit, um mich mit ein paar MP3-CDs einzudecken und meine Suche nach einem mir passenden Fußballtrikot fortzusetzen. Mein Augenmerk lag natürlich auf einem grün-weiß-gestreiften Exemplar von Atlético Nacional, was aber in Cali ungefähr so erfolgsversprechend ist, wie zu versuchen, sich in Hannover nach einem Braunschweig-Trikot durchzufragen. Nachdem ich selbst in Medellín schon nicht fündig geworden war, schwanden die Chancen hier recht schnell gegen Null. Zudem ist mir das kolumbianische XL eindeutig zu figurbetont, das muss ich einfach mal akzeptieren. Dafür verköstigte ich mich an den überall anzufindenden Obstständen. Frisch gepresste Säfte und mundgerecht vorgeschnippelte Früchte für wenige Cent. Das Angebot reicht dabei von uns Vertrautem wie Mango, Ananas oder Maracuja bis hin zu in Europa nicht gerade geläufigen Carambola, Lulo oder Pitaya. Das Angebot ist endlos. Definitiv eines der täglichen To-dos. Keine einzige Vitamintablette musste auf dieser Reise geopfert werden. Für den etwas deftigeren Gaumenschmaus sei die *papa rellena* (gefüllte Kartoffel) empfohlen: eine mit Reis, Fleisch, Ei und Kräutern gefüllte frittierte Kartoffel. Schmeckt vorzüglich, danach ist man satt wie nach einem großen englischen Frühstück.

Ähnlich wie in Bogotá gibt es mit dem Mio ein Expressbusliniennetz, das ich auch zur Fahrt zum Stadion nutzte. Es war ein brütend heißer Sonntagnachmittag und am letzten Spieltag der regulären Clausura-Saison, bevor diese in eine Meisterschafts- und Abstiegsrunde geteilt wird, war Deportivo Cali als Tabellenvierter bereits für erstere qualifiziert. Der Zuschauerzuspruch war entsprechend gering. Das Kassenhäuschen war gleich gefunden, auch heute gab es mehr Angebot als Nachfrage, sodass ich für ein Sponsorenticket den halben regulären Preis zahlte. Keine 5.000 Besucher fanden sich ein, wobei vor allem die Barra erst gegen Ende der ersten Halbzeit antanzte und ihren Block einigermaßen ausfüllte. Deren Support war in der zweiten Hälfte trotz der gegebenen Umstände sehr beachtlich. Ich für meinen Teil war froh, im Schatten sitzen zu dürfen und mich nicht unnötig bewegen zu müssen. Fußball bei über 30 Grad ist einfach zu anstrengend. Und das zeigte sich leider auch auf dem Platz: Ein sinnloser Kick, auf den beide Teams nicht wirklich Lust hatten, und sich schließlich 1:1 trennten.

Da eine einwöchige Fußballpause anstand, reiste ich zurück in die Zona Cafetera, um etwas die Natur zu genießen. Salento ist ein wahres Bilderbuchstädtchen mit bunten Fassaden, kleinen Läden, kaum Straßenverkehr und gemütlichen Kneipen mit Billardtischen und dominospielenden älteren Herrschaften. Klein, aber fein. Sehr beschaulich und ruhig, aber alles andere als langweilig. Nur an den Wochenenden verwandelt sich der zentrale Platz in einen Jahrmarkt für die Wochenendausflügler. Hier lassen sich auch schöne Tageswanderungen unternehmen, so etwa durchs Valle de Corcoa. Dabei bewältigt man gut 1.000 Höhenmeter und stapft über teilweise sehr matschige Pfade durch den Wald und erfreut sich an den Kolibris und Schmetterlingen, die in Scharen herumschwirren. Frische Luft und etwas Bewegung haben schließlich noch keinem geschadet. Den Höhepunkt der schweißtreibenden Tour bietet dann aber der Abstieg in das Tal mit den Wachspalmen, die eine Höhe von bis zu 60 Metern erreichen und damit die höchste Palmenart der Welt ist. Der nachmittags einsetzende Nebel verleiht dem Ganzen ein ziemlich surreales Ambiente. Tropische Temperaturen, Palmen und dazu Nebel wie aus einem englischen Gruselfilm mit Christopher Lee aus den Sechzigerjahren.

Was man, wenn man schon mal hier ist, auch nicht verpassen sollte, ist der Besuch einer Kaffeeplantage. Die gibt es zuhauf, und eine Führung mit anschließender Eigenproduktion seiner Tasse Kaffee (inklusive Rösten und Mahlen der Bohnen) kostet nicht viel und erweitert den Horizont. Empfehlenswert sind auch die Forellen, die in fast jedem Lokal angeboten werden. Mit einem *Menú del día* (Tagesmenü) liegt man meist richtig. Für weniger als 5 Euro bekommt man eine Suppe, ein Hauptgericht (Fleisch oder Fisch), eine Reihe von Beilagen (Reis, Kochbananen, Gemüse, Kartoffeln), ein Glas Saft und meist noch einen Nachtisch.

17. November 2013 / Atlético Nacional – Millonarios 1:0 / Estadio Atanasio Girardot, Medellín / 46.000 Zuschauer (ausverkauft)

Nach ein paar Tagen der Entspannung war es an der Zeit, nach Medellín zurückzukehren. Das Spiel des Jahres stand an. Die beiden größten Vereine des Landes, die gleichzeitig die größte

Rivalität pflegen, standen sich im Rückspiel des Pokalfinales im Atanasio gegenüber. Den Vorverkauf in Medellín konnte ich nicht nutzen, da ich ja andernorts unterwegs war. Die Partie war freilich längst ausverkauft. Meine Kontaktperson vor Ort, eine junge Dame aus dem Fanshop (die mir versprochen hatte, ein Ticket für mich zurückzulegen), war plötzlich nicht mehr erreichbar. Ich checkte wieder in die bewährte Unterkunft ein und fuhr mit der Metro zum Stadion, um die Lage zu prüfen. Lange Rede, kurzer Sinn: 20 Euro für einen Platz im Oberrang der Gegengeraden fürs Pokalfinale war absolut in Ordnung. Das waren zwar 50 % Aufschlag auf den Originalpreis, aber ich will ja nicht klagen.

Das Hinspiel in Bogotá ein paar Tage zuvor verfolgte ich noch in einer Bar in Salento. Nacional war bereits 2:0 in Führung gegangen, musste sich aber am Ende mit einen 2:2-Unentschieden begnügen. Die zähen Einlasskontrollen vom letzten Besuch noch in bester Erinnerung, erschien ich rechtzeitig, um mich ins Getümmel zu stürzen. Das war auch notwendig: Drei Stunden vor Anstoß am Stadion und erst eine Stunde später auf meinem Platz. So konnte ich mir einen guten Platz aussuchen (die auf den Tickets aufgedruckten Reihen und Platznummern interessieren hier wirklich niemanden) und in aller Ruhe die Vorbereitungen auf den Tribünen beobachten. Da wurde nämlich schon fleißig geschmückt. Nach und nach füllte sich die Arena und eine Stunde vor Spielbeginn war kein freier Platz mehr auszumachen. Die Massen strömten weiter herein und so waren letztlich sämtliche Treppen, Zugänge und Fluchtwege mit Menschen vollgepackt. Alle wollten dabei sein: Ganze Familienclans von der Oma bis zum Kleinkind. Zu diesem Zeitpunkt wurde schon ordentlich gesungen und die Stimmung war lange vor Anpfiff weit besser als bei vielen Topspielen in Europa während des Spiels.

Die Barra Los del Sur hatte wohl etwas Besonderes vor, denn da versammelte sich der harte Kern vor der Tribüne im Innenraum. Viele davon mit nacktem Oberkörper, was dem Klima geschuldet sein mag oder dem Verlangen, dass die Tätowierungen besser zur Geltung kommen. Es wurden Geräte ausgegeben, die von weitem wie Feuerlöscher aussahen. Damit positionierten sich die Jungs rund ums Spielfeld. Der Rest der Gruppierung sorgte auf den Tribünen mit Trommeln und Blasinstrumenten für Rhythmus und Melodie. Nur noch wenige Minuten, bis die Mannschaften das Spielfeld betreten sollten. Es bot sich ein Fahnenmeer, das seinesgleichen sucht, optisch unterstützt von vielen Regen- oder Sonnenschirmen. Mittlerweile waren weiße und grüne Ballons verteilt worden, die eine ansehnliche Choreographie ergaben, welche alle Sektoren mit einbezog. Die frenetischen Gesänge wurden von Sekunde zu Sekunde lauter. Keinen hielt es jetzt auf den Sitzen, und das sollte sich auch bis Spielende nicht ändern. Hier war im „Familienblock" auf der Gegengerade mehr los als in manch einer Ultrakurve zuhause. Als die Teams endlich auf den Rasen kamen, gab es kein Halten mehr. Ein minutenlang anhaltender Konfettiregen wie einst 1978 in Argentinien, und gerade als sich dieser zu legen drohte, kamen die vermeintlichen Feuerlöscher zum Einsatz. Damit wurde schön grüner und weißer Rauch in die Luft geblasen. Der Lärmpegel war auf solch ein Niveau angestiegen, dass kaum jemand vernahm, dass schon seit ein paar Takten die Nationalhymne gespielt wurde. Aber auch das interessierte nicht wirklich irgendjemanden.

Nachdem das Spielfeld vom ganzen Papier befreit worden war, konnte es auch auf dem Rasen losgehen. Das Spiel war tatsächlich einem Pokalfinale würdig. Es war abwechslungsreich, mit guten Torchancen auf beiden Seiten. Nacional war insgesamt leicht überlegen. Mitte der ersten Hälfte setzte mal wieder ein heftiges Gewitter ein, was die Stimmung auf den Rängen zeitweise etwas dämpfte. Viele stülpten sich jetzt weiße Plastiksäcke über, um bloß nicht nass zu werden. Irgendwie scheinen die lieben Kolumbianer da empfindlicher zu sein als der abgehärtete Germane. Ich war zwar klatschnass, aber für mich war immer noch T-Shirt-Wetter. Ein warmer Schauer bei 22 Grad schadet nicht. Und genau in dieser Phase fiel in der 35. Minute das spielentscheidende 1:0. Die Müllbeutel wurden zusammengeknüllt und in die Luft geworfen. Der Regen war plötzlich Nebensache. Wildfremde Menschen lagen sich in den Armen, viele weinten, lachten und schrien gleichzeitig. Alles sehr emotional. Das Spiel aber blieb spannend. Die Millos gaben sich noch längst nicht geschlagen und kamen auch in der zweiten Hälfte mehrfach bedrohlich vors Tor. Je näher aber

Fankurve von Atlético Nacional beim kolumbianischen Pokalfinale.

der Schlusspfiff rückte, desto euphorischer wurde die Stimmung. Und immer, wenn ich dachte, es wäre keine Steigerung mehr möglich, wurde ich aufs Neue überrascht. Es wurden jetzt vermehrt Schmäh- und Hohngesänge gegenüber den Millionären aus der Hauptstadt zum Besten gegeben, allem voran das mit wahnsinniger Inbrunst intonierte *Un minuto de silencio para Millos que esta muerto* (eine Schweigeminute für Millos, die tot sind).

Das Spiel wurde dann endlich abgepfiffen und die Party konnte richtig losgehen. In den Straßen Medellíns herrschte Ausnahmezustand. Alles voller feiernder Menschen. Für Pkw oder Taxis war kein Durchkommen mehr. Wer heute in Stadionnähe geparkt hatte, konnte seinen Wagen frühestens am nächsten Morgen abholen. Bier und Aguardiente flossen in Strömen, und es wurde auch einiges an Feuerwerk in den Himmel gejagt. Die Metro hatte vorsichtshalber gleich den Betrieb komplett eingestellt. Ohne mich groß in der Gegend auszukennen, sah ich mich gezwungen, erst mal ein paar Blocks weiterzulaufen, in der Hoffnung, auf eine

Straße zu treffen, in der vielleicht noch Taxis und Busse verkehren. Im Dunkeln als Gringo durch unbekannte Viertel einer Stadt wie Medellín herumzuirren ist sicherlich nicht das Schlauste, Alternativen gab es keine. Unsicher fühlte ich mich aufgrund der vielen feiernden Menschen aber auch nicht. Kein Abend des Jahres wäre für so eine Übung wohl besser geeignet als eben dieser.

Schließlich erreichte ich eine Bushaltestelle an einer Straße, auf der tatsächlich noch Straßenverkehr stattfand. Und sogar ein paar auf den Bus Wartende gab es hier. Wie sich herausstellen sollte, befand ich mich aber an einer Nord-Süd-Verbindung und ich wollte schließlich Richtung Osten nach San Antonio. Der Versuch, ein Taxi anzuhalten, wäre aussichtslos – meinten die Wartenden. Ich ließ mich aber nicht beirren, bewegte mich gefährlich nahe in die Mitte der großen Durchgangsstraße und schaffte es letztendlich, einen der gelben Flitzer anzuhalten. Kaum öffnete ich die Tür, um einzusteigen, sauste auch schon einer der eben Befragten herbei und fragte, ob er mitkommen könne. Aber klar doch. Gut gemeinte Sicherheitshinweise wie „niemals mit einem Fremden ein Taxi teilen" waren mir längst egal. Unser Fahrer konnte gar nicht glauben, dass sein Verein auch in Deutschland einen Fan hat. Und dann lief im Radio auch noch die Vereinshymne *El pregón verde*: Wir drehten lauter, streckten die Fäuste aus dem Fenster und brüllten mit. Ein geiler Tag. Und eines meiner bisher besten Stadionerlebnisse.

Nun war es an der Zeit, mal an die Küste zu reisen. Ich nahm einen preiswerten Flug nach Cartagena, was nicht zu Unrecht als einer der Höhepunkte Kolumbiens gilt. Eine gepflegte Altstadt mit bunten Kolonialbauten, karibisches Flair allerorts. Die Temperaturen erreichen oft 40 Grad und nachts ist es selten mal kühler als 25 Grad. Von hier aus lassen sich auch schöne Bootsausflüge zu den umliegenden Inseln und Stränden unternehmen. Ich investierte ein paar Pesos mehr in meine Unterkunft und fand mich in einem wunderbaren Kolonialbau mit Pool im Innenhof wieder.

Die drückende Hitze ließ mich meine Aktivitäten auf ein Minimum beschränken. Faulenzen gehört nun mal zu meinen Lieblingsbeschäftigungen. Meine Bequemlichkeit war es auch, die mich zum Fehlkauf der Woche hinreißen ließ: Das Hotel bot näm-

Carlos-Valderrama-Statue vor dem Stadion seines Heimatvereins in Santa Marta.

lich einen Tür-zu-Tür-Shuttle-Service zu meinem nächsten Ziel Santa Marta an. Nur unwesentlich teurer als der reguläre Bus, aber dafür würde ich mir die Kosten und Strapazen sparen, die eine Taxifahrt zum und vom jeweiligen Busbahnhof mit sich bringen würde. Das Ganze in einem modernen, klimatisierten Minibus, der die Strecke statt in vier in nur drei Stunden absolvieren sollte. Klingt zu gut, um wahr zu sein? Genau, das war es auch.

Die Abfahrt verzögerte sich um eine Stunde, da man auf ein paar trödelnde Touris warten musste. Der Bus war an sich in Ordnung, aber enger bestuhlt als jedes andere Transportmittel, das ich bislang im Land nutzte. So musste ich seitlich auf meinem Sitz Platz nehmen, um die Beine im Gang unterzubringen. Die Krönung waren die bescheuerten Backpacker an Bord des Gringo-Express. Nichts gegen Rucksacktouristen – bin ja genau genommen selbst einer. Aber das ist einfach eine andere Spezies, die sich heutzutage herumtreibt. Allesamt mit ihren iPads beschäftigt, kein Interesse an einem Gespräch. Mit Spanisch erntete ich erst nur Stirnrunzeln; auf Englisch bekam ich immerhin knappe Ein-Wort-Antworten wie „Canada", „Bogotá" oder „OK". Da gab ich schnell auf. Als dann die Vorhänge zugezogen wurden, damit das Display des Smartphones beim Daddeln nicht spiegelt, platzte mir beinahe der Kragen. Draußen zieht eine atemberaubende Landschaft vorbei, und ihr habt nichts Besseres im Sinn als auf euren Handys Tetris zu spielen (oder wie auch immer die Spiele mittlerweile heißen). Unfassbar!

Trotz der verspäteten Abreise musste der Fahrer auf der verhältnismäßig kurzen Strecke eine halbstündige Pause einlegen. Auch da sah ich mich in meinen Vorurteilen bestätigt: Anstatt frisch gepressten Maracujasaft und Empanadas zu verzehren, labten sich die Ahnungslosen für etwa den dreifachen Preis an Pepsi und einer Tüte Doritos. Warum fährt man eigentlich irgendwo hin ins Ausland, wenn man null Interesse daran hat, sich auf das Land einzulassen? Aber sei's drum, das ist nicht mein Problem. Nach gut fünf Stunden (statt vier, geschweige denn drei) waren wir in Santa Marta angekommen und ich war wieder frei.

Santa Marta ist weniger malerisch als Cartagena, aber nicht minder attraktiv. Man könnte auch sagen authentischer, denn im

Gegensatz zu Cartagena legen hier keine Kreuzfahrtschiffe an und spucken gleichzeitig Tausende kreidebleicher Ami-Rentner für einen kurzen Landgang aus. In anderen Worten: Es geht weit weniger touristisch zu. Für die Vereine der beiden Küstenstädte (Real Cartagena und Unión Magdalena) war die Saison leider schon beendet, da sie beide aus den Zweitliga-Play-offs bereits ausgeschieden waren. So blieb mir in Santa Marta nur eine kleine Wallfahrt zum Estadio Eduardo Santos, wo sich die Statue von „El Pibe" befindet. Dem bekanntesten Sohn der Stadt, Carlos Valderrama, hat man hier vor den Stadiontoren schon zu Lebzeiten ein Denkmal gesetzt. Der Körper aus Bronze gegossen, die blonde Haarpracht aus Kupfer. Muss man gesehen haben.

24. November 2013 / Junior – Atlético Nacional 0:0 / Estadio Metropolitano Roberto Meléndez / Barranquilla / 38.565 Zuschauer

Nach ein paar weiteren Tagen des Müßigganges am Strand (tagsüber) und in den Kneipen an der Hafenpromenade (abends), stand das letzte Spiel der Tour auf dem Plan. Im Rahmen eines Tagesausflugs sollte es dazu ins etwas verrufene Barranquilla gehen. Die unattraktive Industriemetropole liegt auf halbem Weg zwischen den bereits erwähnten Küstenorten, allerdings nicht am Meer, und bekommt daher wohl auch kaum mal einen Touristen zu sehen. Mein Hotel in Santa Marta war zwar etwas außerhalb des Zentrums gelegen, aber idealerweise gleich neben dem Büro eines der Busunternehmen. Damit gestaltete sich die gut 90-minütige Fahrt problemlos. Als der Fahrer von meinem Vorhaben erfuhr, bot er mir an, mich direkt am Stadion abzusetzen. Das liege schließlich auf dem Weg und ich müsse dann nicht vom Busbahnhof mit dem Taxi weitertuckern. Schön, wenn mal einer mitdenkt. Je näher wir uns dem mit knapp 50.000 Plätzen größten Stadion Kolumbiens näherten, desto mehr rot-weiß gekleidete Fans der Tiburones (Haie) tummelten sich in den Straßen. Und schon hatte mich das Fußballfieber wieder gepackt. Wie versprochen, konnte ich das Gefährt direkt an der Stadionzufahrt verlassen. VIP-Service sozusagen.

Aber obwohl das Spitzenspiel gegen Nacional nicht ausverkauft war, stand ich überall vor verschlossenen Kassenhäuschen. Ob es die Tickets wieder nur in der Innenstadt gab, oder ob am Spieltag selbst vielleicht gar keine verkauft werden würden, sollte ich nicht mehr herausfinden. Denn als ich einen der herumlungernden Polizisten um Auskunft bat, brachte mich dieser auf direktem Wege zu einem der Schwarzhändler, legte seinen Arm um dessen Schultern, und machte ihm eindeutig verständlich, dass gerade jetzt ein fairer Preis angesagt wäre. Großartig! Somit zahlte ich den aufgedruckten Originalpreis ohne Aufschlag. Kurz darauf fand ich mich am Stadioneingang wieder und wurde abgetastet. Bei der Aufforderung, meinen Gürtel abzugeben, stellte ich mich schwerhörig und ging einfach weiter, was wiederum nach einem kurzen Hinterherrufen zum Stehenbleiben keinen weiter juckte. Atmosphärisch war das heute wieder sehr ordentlich. Das Stadion zwar nicht ganz voll, aber immerhin sehr gut gefüllt, und die Darbietungen auf den Tribünen sowohl optisch als auch akustisch durchaus von der besseren Sorte. Ob nun Junior oder Cali die dritte Kraft im Lande ist, sei mal dahingestellt. Basierend auf der Erfahrung einzelner Spielbesuche steht mir so eine Klassifizierung ohnehin nicht zu. Jedenfalls steht hier eine ganze Stadt hinter einem Verein, da man im Gegensatz zu den anderen Großen keine nennenswerte Konkurrenz in der eigenen Stadt hat. Was sie hier aber auf jeden Fall in Perfektion beherrschen, ist der Bierschmuggel: In kolumbianischen Stadien gibt es außer Wasser, Kaffee und *Gaseosas* (Softdrinks) nichts zu trinken. So gibt es fliegende Händler, die die Tribünen frequentieren und illegalerweise Bestellungen für Bier aufnehmen. Die Ware wird dann in Dosen vom Kontaktmann draußen durch die Zäune gereicht und diskret in einer Umhängetasche verstaut, die beim Kunden auf der Tribüne landet (oft über mehrere Reihen geworfen). Dieser nimmt sich die Bestellung heraus, legt ein paar Scheine rein und wirft den Beutel zurück. Man muss sich eben zu helfen wissen.

Im Spiel fielen leider keine Treffer, so musste ich mich mit einem torlosen Unentschieden begnügen. Im Vergleich zu Argentinien kann ich aber sagen, dass die fußballerische Qualität in Kolumbien gut eine Klasse besser ist. Das mag auch daran liegen, dass der Ausverkauf lokaler Talente nach Europa nicht so weit fortgeschritten ist und tatsächlich noch einige Könner in der heimischen Liga kicken. Jedenfalls war es schon lange dunkel, und ich musste zurück nach Santa Marta. Also schnell ein Taxi klar gemacht und Richtung Busbahnhof dirigiert. Als sich der Fahrer nach meinem Ziel erkundigte, schlug er vor, mich direkt zu den Busbüros an der Hauptstraße zu bringen: Das wäre näher und außerdem hielten da ohnehin alle Unternehmen, die Richtung Santa Marta fahren. Vor allem würde ich mir dadurch die Warterei am Busbahnhof sparen. Und so war's dann auch. Der zunächst vereinbarte Tarif zum Busbahnhof wurde nochmal reduziert, und keine 20 Minuten nach Schlusspfiff saß ich im Bus nach Santa Marta. Ein dreifach Hoch auf die kolumbianischen Taxifahrer!

Ein paar Tage später sollte meine vierwöchige Kolumbien-Reise zu Ende gehen. Nach zwei nasskalten Tagen in Bogotá zum Abschluss (zur Einstimmung auf Deutschland) flog ich wieder zurück in die Heimat. Was ist geblieben? Sehr positive Erinnerungen an ein traumhaft schönes Land, an viele nette Begegnungen, an liebenswerte Menschen (manche davon ein wenig verrückt) und einer Vielfalt an frischem Obst, an ehrliche Taxifahrer und hilfsbereite Marktfrauen, an die Gelassenheit und Lebensfreude trotz vieler Widrigkeiten und Alltagsprobleme – einfach an eine positive Reizüberflutung. Aber vor allem werde ich mich an die enorme Begeisterungsfähigkeit erinnern, wenn die eigene Mannschaft spielt.

Kongo

Beim Durchforsten der Spielpläne für die Qualifikation zum Afrika-Cup 2015 bemerkte ich, dass beide Nationen namens Kongo gleich drei Mal in jeweils derselben Woche zuhause antreten würden. Damit wäre der lang ersehnte Kongo-Doppler endlich ohne größeren Aufwand machbar. Offizielle Länderspiele sind terminlich eben nicht so sehr der Willkür ausgesetzt, wie das oft bei Ansetzungen der lokalen Ligen der Fall ist. Ich stellte umgehend Kontakt zu meinem alten Schulfreund her, der Kinshasa aus beruflichen Gründen seit einer Weile sein Zuhause nennt, und kündigte meinen baldigen Besuch an. Nicht viel später investierte ich meine gesammelten Air-France-Meilen für einen Brazzaville/Kinshasa-Gabelflug. Im Rahmen der Reisevorbereitung ging es zunächst um die Auffrischung diverser Schutzimpfungen und die Visabeschaffung. Der Nachweis einer Gelbfieberimpfung beispielsweise ist für beide Länder obligatorisch, was im Übrigen sowohl bei Ein- als auch Ausreise kontrolliert wird. Doch bevor ich den ersten Fuß auf kongolesischen Boden setzen sollte, musste ich mich noch ein wenig gedulden. Langweilig wurde es dabei aber nicht.

Ort: Botschaft der Demokratischen Republik Kongo, Berlin-Charlottenburg
Zeitraum: 9:30–11:00 Uhr am 8. Oktober 2014

Gegen halb zehn Uhr morgens erreiche ich das Botschaftsgebäude. Das Gartentor ist verschlossen, die Klingel (ohne Schild) defekt. Als ich gerade anfange, am Tor zu rütteln und mein Handy herausهole, um meinem Begehr telefonisch Nachdruck zu verleihen, erscheint ein schick gekleideter Botschaftsbediensteter, der mich hereinlässt. Wie sich bald herausstellen sollte, handelte es sich bei ihm um einen Zeitgenossen, der den Posten wohl nicht seiner hervorragenden Schulbildung wegen verschafft bekommen hat.

Zunächst werde ich durch die Hintertür in den im Keller gelegenen Warteraum begleitet. Ich gebe zu verstehen, dass ich kaum Französisch spreche. Kein Problem, denn er spreche ja auch Deutsch. Gut so. Dass ich ihn aber nach jedem einzelnen Satz erneut darauf hinweisen muss, lässt mich ein wenig stutzen. Er macht sich fortan an die Überprüfung meines Visumantrags. Eigentlich alles in Ordnung, aber es fehle der Stempel vom „Rathaus Kinshasa“. Hmm, davon war aber nie die Rede und wie sollte ich bitteschön an einen Stempel vom „Rathaus Kinshasa“ kommen? Nun gut, wir einigen uns darauf, dass er seine Chefin konsultiert. Dazu nimmt er den gesamten Papierkram an sich (Einladungsschreiben, Bestätigung der Vorauszahlung der Visagebühr, Gelbfieberimpfnachweis, Flugbuchungsbestätigung), lässt aber den Reisepass bei mir. Meine rudimentären Sprachkenntnisse reichen zumindest aus, um zu verstehen, dass ich einfach hier warten solle.

Eine Stunde lang geschieht gar nichts. Als einziger Besucher der Botschaft sitze ich alleine im Warteraum im Keller. An der Wand hängt eine designtechnisch fragwürdige Collage aus Bildern der kongolesischen Staatspräsidenten seit 1960. Als Lesematerial liegen einige Ausgaben des Kundenmagazins der Berliner Verkehrsgesellschaft (BVG) von 2013 aus, ein Werbezettel eines örtlichen Installateurbetriebs sowie ein Hochglanzmagazin, das die Fortschritte im kongolesischen Straßenbau und bei der Polizei- und Militärausbildung würdigt. Ich zähle die Minuten. Mein Mobiltelefon zeigt: „Kein Netz.“

Gegen halb elf öffnet sich schließlich die Tür und mein neuer Freund gibt mir wild gestikulierend zu verstehen, dass ich ihm ganz schnell folgen solle. Im Laufschritt werde ich in die zweite Etage ins Büro von Madame Kosanga gebeten. Eine stattliche Erscheinung in buntem Gewand und mit einem herzerfrischenden Lachen. „Setzen Sie sich bitte.“ Ich lege meinen Reisepass vor und bitte um die Ausstellung eines Sichtvermerks in selbigem. „Dann geben Sie mir bitte das Formular und die Bescheinigungen.“ Tja, die hatte der Kollege ja schon zur Überprüfung an sich genommen. Sie braust auf: „Der spinnt doch! Das soll er doch nicht machen.“

Die Sekretärin wird losgeschickt, um ihn ausfindig zu machen. Nach geraumer Zeit betritt er das Büro und muss eine Standpauke seiner Vorgesetzten in einer mir nicht verständlichen Sprache über sich ergehen lassen – es war nicht Französisch. Seiner Mimik und Gestik nach gibt er zu verstehen, dass er niemals irgendetwas an sich genommen hätte. Er fordert mich auf, doch mal in meine Tasche schauen. Demonstrativ öffne ich diese und zeige den Anwesenden den Inhalt: ein Laptop, ein Schreibblock, ein Buch. Dazu erwähne ich, dass es doch genau er war, der vor einer Stunde die Formulare an sich genommen habe. „Was? Vor einer Stunde? Warum?“, Madame Kosanga faucht ihn nun auf Deutsch an. „Es ist zum wahnsinnig werden hier! Warum haben Sie ihn nicht gleich zu mir geschickt?“ Weiter geht es dann auf Französisch. Nun gelte es, meine Papiere schnellstmöglich wieder aufzutreiben.

Nachdem er den Raum verlassen hat, erzählt mir die Dame, dass sie seit halb zehn hier wäre und eigentlich nicht viel zu tun hätte. Es wäre ihr völlig unerklärlich, warum mich der Knecht solange warten lassen hat. Und dann noch Antragsformular und Fotokopien verschlampt. Sie schüttelt den Kopf. Einige Minuten vergehen. Monsieur Nutzlos traut sich wieder herein. Ohne Sucherfolg. Madame belässt es diesmal bei einer Handbewegung, die kulturübergreifend als „Hau ab!“ zu verstehen ist. Achselzuckend schwindet er von dannen. „Wissen Sie was? Füllen Sie einfach ein neues Formular aus und bringen Sie Kopien der Belege bei der Abholung mit. Kein Problem. Bis wann bräuchten Sie denn Ihr Visum?“

Ich bin gerade an der Stelle „Adresse des Arbeitgebers“ angelangt, als sich wiederum die Tür öffnet und ein nun freudestrahlender Kollege den Raum betritt. In den Händen hält er meine Papiere. „Das kann doch nicht wahr sein! Jetzt ist aber mindestens eine Flasche Sekt fällig für den armen Mann!“, erwidert Madame und zeigt auf mich. Alle lachen. Frau Kosanga schreibt mir ihre Telefonnummer auf einen Zettel und bittet mich, sie direkt anzurufen, wenn ich am Montag meinen Pass abholen komme und es wieder zu Problemen käme. Mein neuer Freund verabschiedet sich mit „Je suis désolé.“ Das ist Französisch und heißt „Es tut mir leid.“ So weit reichen meine Sprachkenntnisse gerade noch.

Alle noch aufmerksam dabei? Bis der erste Ball rollt, dauert es noch ein wenig. Der Irrsinn, mit dem ich mich dann aber bei der Botschaft der Republik Kongo (Brazzaville) konfrontiert sah, übertraf das eben Erlebte. Telefonisch ließ ich mir bestätigen, dass das Einreichen meiner Unterlagen am nächsten Tag in der Botschaft kein Problem darstelle und die Bearbeitungszeit etwa eine Woche dauern würde. Ich müsse zusätzlich nur einen Beleg mitbringen, dass ich die Bearbeitungsgebühr von 80 Euro auf das Botschaftskonto überwiesen habe. Gesagt, getan. In Berlin-Pankow angekommen, hieß es, dass aus technischen Gründen bis auf Weiteres keine Visa ausgestellt werden könnten. Ich solle mich an die Botschaft in Brüssel wenden. Na klasse. Wenn das mal gut geht. Belgien liegt nicht gerade um die Ecke. Vom zeitlichen Aufwand und den Mehrkosten mal abgesehen, erfüllte mich der Gedanke mit Unbehagen, meinen Pass per Post ins Ausland schicken zu müssen. Ich rief in Brüssel an. Das führte aber lediglich zur Erkenntnis, dass in der dortigen Dependance niemand Englisch spricht. Meine französische Kollegin konnte für mich die Information herauskitzeln, dass Brüssel für Deutschland nicht zuständig sei. Nach einigen Momenten der Ratlosigkeit kam mir in den Sinn, dass oft auch Honorarkonsule Visa ausstellen dürfen. Die Republik Kongo unterhält sage und schreibe drei Konsulate in Deutschland, mit denen ich gleich in Kontakt trat. Vor allem der Herr aus Hannover war sehr hilfsbereit und bot seine Dienste an. Von ihm erfuhr ich, um was es sich bei den „technischen Schwierigkeiten“ in Berlin-Pankow genau handelte: Der Botschafter wäre gerade im Urlaub gewesen und ohne ihn wird eben kein Visum abgestempelt. In der darauffolgenden Woche sollte das wieder möglich sein. Ich fuhr nochmals raus und konnte wenige Tage später meinen Pass samt Visum wieder abholen. Letztendlich alles völlig problemlos – trotz der zuvor verschwendeten Zeit und Nerven.

Im November 2014 machte ich mich auf den Weg; auf dem Programm standen die Partien Kongo – Nigeria und DR Kongo – Sierra Leone. Im allgemeinen Sprachgebrauch unterscheidet man die beiden Staaten durch Hinzufügen der jeweiligen Hauptstadt, also „Kongo-Brazzaville“ (ehemals französische Kolonie mit rund vier Millionen Einwohnern) und „Kongo-Kinshasa“ (ehemals belgische Kolonie mit etwa 81 Millionen Einwohnern).

Über Paris flog ich nach Brazzaville. Aufgrund der anhaltenden Ebola-Epidemie in Westafrika wurde bei allen Fluggästen unmittelbar nach Ankunft mittels Infrarot-Thermometer die Temperatur gemessen. Im Gegensatz dazu kamen bei der Rückkehr nach Paris ausschließlich die Drogenspürhunde zum Einsatz. So unterschiedlich waren die Prioritäten gesetzt. Die Einreise gestaltete sich problemlos und auch mein Gepäck war angekommen. Schnell ein paar tausend CFA-Franc aus dem Automaten gezogen und ab ins Taxi zur gebuchten Unterkunft. Der standardmäßige Fahrpreis ab Flughafen beträgt pauschal 2.000 CFA-Franc (3 Euro), es musste nicht einmal gefeilscht werden. So mühelos sollte es aber nicht weitergehen. Auf halber Strecke brach die Karre zusammen und sprang nicht mehr an. Der Fahrer entschuldigte sich vielmals, gab irgendwann auf und verzichtete auf jeglichen Fahrtkostenanteil. Es blieb mir nichts anderes übrig, als auszusteigen und nachts mit meinem Rucksack irgendwo an einer dunklen Einfallstraße nach Brazzaville auf ein Weiterkommen zu hoffen. Ein leichteres Opfer hätte es für die lokalen Gauner wohl nicht gegeben. Doch weit gefehlt. Im Handumdrehen war ein weiteres Taxi zur Stelle und brachte mich für nur noch *mille francs* zum gewünschten Ziel ins Hotel Hippocampe (mit gut 40 Euro die Nacht eine der günstigsten Unterkünfte der Stadt, sieht man mal von schäbigen Stundenhotels ab). Dafür bekommt man ein großes, ordentliches Zimmer mit Klimaanlage und Bad. Der angeschlossene gastronomische Betrieb überraschte mit einer asiatisch anmutenden Speisekarte. Wie sich herausstellte, ist die Frau des Betreibers Kambodschanerin und kocht selbst. Und das nicht schlecht. Bei lecker Ingwer-Hühnchen und einer 0,65er Flasche N'gok (dem lokalen „Krokodilbier" mit Lacoste-Logo) war ich endlich wieder in Afrika angekommen und ließ den ersten Abend gemütlich ausklingen.

Brazzaville ist für afrikanische Verhältnisse ein, sagen wir mal, beschauliches Städtchen. Man kann sich überall ungestört und stressfrei bewegen. Zu besichtigen gibt es nicht viel. Eine Kathedrale aus der Kolonialzeit, der die Luftfeuchtigkeit ziemlich zugesetzt hat, das geschäftige Marktviertel Poto-Poto, und den Ausblick über den Fluss nach Kinshasa. Zwischendurch kleine Gemischtwarenläden, Reparaturwerkstätten für dies und das, Friseure, Cafés, sowie zahlreiche Straßenstände, die nach Feierabend so schnell wieder verschwanden, wie sie früh morgens aufgetaucht waren: vom Schuster über den Uhrmacher bis hin zum Obstverkauf direkt aus der Schubkarre. Das erste Fußballtrikot, das ich auf der Straße erspähte, war keines der üblichen Verdächtigen von Barcelona, PSG oder Konsorten, sondern eines des großartigen TSV München von 1860. Der stolze Träger, seines Zeichens mobiler Kugelschreiber- und Schulhefteverkäufer, war sich der Ehre kaum bewusst. Meine Frage nach einem Foto wurde zwar bejaht, führte aber zu mittelgroßer Verwirrung und einem kleineren Menschenauflauf. Es wurde viel gescherzt und gelacht.

In Brazzaville gab es aktuell leider kein länderspieltaugliches Stadion mehr (mittlerweile ist das Nationalstadion wieder in Betrieb). Gespielt wurde im 500 Kilometer entfernten Pointe-Noire, einer vom Ölreichtum geprägten Hafenstadt, wohin mich die Eisenbahn am Folgetag bringen sollte. Wie mir am Bahnhof erklärt wurde, war der morgige Zug schon ausgebucht. Nächste Reisemöglichkeit des dreimal wöchentlich verkehrenden Zuges wäre übermorgen – also erst am Spieltag des Afrika-Cup-Qualifikationsspiels gegen Nigeria, das mir damit entgehen würde. Und der Spielbesuch war ja schließlich Sinn und Zweck der Reise. Doch hier sollte sich meine Beharrlichkeit auszahlen. Nicht selten ist es so, dass dort, wo ein Fremder auftaucht, sich neben Neugierigen und Wichtigtuern auch mal jemand Hilfsbereites einfindet. Die einen von den anderen zu unterscheiden ist nicht immer gleich möglich. Die Vorgesetzte der Schalterdame versuchte am Handy, irgendwelche Hebel in Gang zu setzen, während sie mir gestikulierend zu verstehen gab, dass ich nicht weglaufen solle. Nach einer Weile wurde ich unter Polizeischutz zum Büro des Bahnhofsvorstehers geführt, welcher nachmittags um halb vier noch nicht von seiner Mittagspause zurückgekehrt war. Es galt in der schattigen Schalterhalle Platz zu nehmen und abzuwarten. In solch einer Situation beginne ich zu rätseln, ob sich das Warten lohnt und ob mein Begehr tatsächlich weitervermittelt wurde. Nur eine knappe halbe Stunde später erschien ein Herr, der direkt auf mich zusteuerte und mich auf Englisch begrüßt. Ich müsse wohl derjenige sein, der morgen unbedingt nach Pointe-Noire zum Fußball wolle. Korrekt. „Schließlich wartet der Schiedsrichter mit dem Anpfiff ja nicht auf dich!" Auch das war richtig. Humor hatte er. Ich begleitete ihn in sein Büro. Nach einer etwas langatmigen Einführung in die Geschichte der kongolesischen Eisenbahn wurde mir erläutert,

Mit der Eisenbahn von Brazzaville nach Pointe-Noire am Atlantik.

dass es für den morgigen Zug noch ein begrenztes Kontingent an Plätzen in der 1. Klasse gäbe. Bingo! 22.500 CFA-Franc (circa 34 Euro) später halte ich das begehrte Billett in der Hand. Sehr schön. Anschließend in einem französischen Supermarkt noch schnell etwas Proviant für die große Fahrt besorgt und meine heutigen Hausaufgaben waren erledigt.

Früh morgens sollte es losgehen. Planmäßige Abfahrt 7 Uhr. Boarding bereits um 5:30 Uhr – was bald Sinn ergab. Wenn sich ein Afrikaner auf Reisen begibt, macht er das in der Regel nicht aus Vergnügen, sondern aus geschäftlichen Gründen, um die Familie zu besuchen oder um Waren von A nach B zu transportieren. Um sechs Uhr morgens war am Bahnhof großes Gewusel angesagt. Massenhaft Kisten und Säcke, deren Inhalt sich mir nicht erschloss, wurden verladen. Passagiere drängten sich in zwei Schlangen und wurden von grimmigem Sicherheitspersonal in Zaum gehalten. Bei Vordränglern wird auch mal schnell der Knüppel gezogen. Darauf hatte ich keine Lust und zog den

Trumpf „dummer Touri“, indem ich mich direkt an den Beginn der Schlange begab und meinen Fahrausweis vorzeigte. Ich wurde durchgewinkt und konnte sogleich den Zug besteigen. Mein Rucksack ging natürlich als Handgepäck durch und musste nicht aufgegeben werden.

Auf der 502 Kilometer langen Strecke durch den kongolesischen Dschungel verkehrt ein Hochgeschwindigkeitszug namens „La Gazelle“, quasi das Aushängeschild der Kongo-Ozean-Linie. Neben der Abfahrtszeit gibt es keinen festen Fahrplan: Ankunft irgendwann am Abend. Letztendlich waren 14 Stunden vergangen, als ich in Pointe-Noire eintraf. Die Fahrt erwies sich als äußerst kurzweilig. Die Wagen der Gazelle kamen aus Südkorea von Hyundai und waren erst drei Jahre alt – ganz im Gegensatz zum maroden Schienennetz, das seit der Kolonialzeit nicht mehr viel Wartung und Pflege erfahren durfte. Die Klimaanlage funktionierte (und war auf ein vernünftiges Maß justiert). Dazu gab es nonstop musikalische Berieselung durch kongolesische Rumba in angenehmer Lautstärke. Draußen zog der Regenwald an mir vorbei. Ab und an hielten wir in der ein oder anderen Kleinstadt, wo sich Märkte und gesellschaftliches Leben rund um den Bahnhof abspielen – wohl vor allem an den Tagen, an denen der Zug kommt.

Pointe-Noire ist eine Stadt der Erdölindustrie. Entweder man wohnt schon seit Generationen hier oder kommt aus beruflichen Gründen. Hotels sind teuer. Ich versuchte mein Glück auf der Couchsurfing-Plattform und wurde fündig, bei einem Franzosen. Er heißt Chris und arbeitet in der Erdölindustrie, er kümmert sich im Büro um die Koordination. Alle zwei Wochen geht's für drei Tage auf eine der Bohrinseln. Er verdiene echt nicht schlecht, erzählte er mir, und die großzügige Wohnung wird vom Arbeitgeber gestellt. Eigentlich wohnt er mit seiner Frau hier, aber die wäre jetzt hochschwanger und sei nach Paris zurückgeflogen. Das Kind soll schließlich in Frankreich zur Welt kommen. Ich stelle fest: ein ganz anderer Lebensentwurf als meiner.

Ach ja, um die Tickets würde sich einer seiner Leute aus dem Büro kümmern. Ohne mich hätte Chris von diesem Spiel gar nicht erfahren, denn für Fußball interessiere er sich nicht wirklich. Aber er käme gerne mit. Hauptsache Spektakel. Für mich wird immer offensichtlicher, dass mein Gastgeber froh darüber ist, endlich mal wieder mit jemandem um die Häuser ziehen zu können. Noch am selben Abend erkunden wir gemeinsam einige der örtlichen Spelunken. Da wird ein breites Spektrum geboten: vom minimalistischen Flaschenverkauf in einer Garage über das ambitionierte Tanzlokal, wo nach Stromausfall im Dunkeln ohne Musik unbeirrt weiter gezecht wird, bis hin zur „Bar, wo sich die Franzosen treffen". Auf letztere hätte ich gerne verzichten können. Bei Bierpreisen von 5 Euro für das importierte 33cl Kronenbourg verbrachten hier vornehmlich alte, weiße Männer ihre Freizeit mit jungen, schwarzen Frauen, die wiederum ihrer Erwerbstätigkeit nachgingen. Ein ziemlich unangenehm kolonialistisches Ambiente mit klaren Macht- und Abhängigkeitsverhältnissen. Wir beließen es bei einem Getränk in diesem Etablissement.

Am nächsten Tag nicht allzu verkatert, nahmen wir ein Taxi zum Stadion. Das ersparte uns Scherereien mit selbsternannten Parkwächtern, Abzockern und sonstigen Wegelagerern. Das Stadion war weiträumig abgesperrt, die halbe Stadt schien auf den Beinen zu sein – darunter sicher viele, die keine Chance hatten, Einlass gewährt zu bekommen und nur dabeisein wollten, wenn mal was los ist. Einen Vorverkauf gab es nicht, die Tickets wurden am Spieltag selbst verkauft. Chris' Mitarbeiter hatte sich einige Stunden vorher ins Gedränge gestürzt, um seinen Auftrag zu erfüllen – was er auch mit Bravour meisterte. Gleich nach unserer Ankunft konnte er kontaktiert und zur Übergabe getroffen werden. Große Erleichterung. Erstmal durchatmen. Wir hatten uns für die mittlere Preiskategorie zu etwa 8 Euro für Plätze an der Seite der Haupttribüne entschieden.

Das nur 13.500 Zuschauer fassende Stade Municipal ist zwar eine moderne Angelegenheit, aber architektonisch unterscheidet es sich doch vom europäischen Standarddesign neuerer Bauart: Keine Laufbahn, Kunstrasen, vier separate Tribünen, drei davon mit etwa zwanzig Reihen und komplett ohne Überdachung. Die Haupttribüne ist etwa doppelt so hoch und bietet zumindest im mittleren Bereich je nach Wetterlage etwas Sonnen- bzw. Regenschutz für die dortigen VIPs. Das Tragen einer Kopfbedeckung erwies sich für mich an diesem Tag als eine sehr kluge Entscheidung.

Rituelles Einschüchtern der gegnerischen Fans durch einen Medizinmann vor der Partie Kongo-Nigeria.

Zwei Stunden vor Anstoß war die Bude bereits bis auf den letzten Platz gefüllt und die Sonne brannte unbarmherzig.

Aufgrund der noch machbaren Qualifikation für den gerade von Marokko nach Äquatorialguinea verlegten Afrika-Cup war die Stimmung zuversichtlich, gar euphorisch. Die favorisierten Nigerianer gingen aber Mitte der zweiten Hälfte durch einen Strafstoß in Führung, wodurch die Stimmung langsam kippte. Wütend wurden zunächst einige Plastikflaschen und kleinere Wurfgeschosse auf das Spielfeld befördert, später auch Steine und einige bengalische Fackeln. Als dann die ersten Zäune überklettert wurden, griff die Staatsmacht ein: Und zwar, indem sie Gummigeschosse in die Menge und Warnschüsse in die Luft abgab. Panik brach aus. Die Masse strömte Richtung der mittlerweile geöffneten Ausgänge, wo gleichzeitig die ahnungslos draußen Wartenden ins Stadioninnere drängten. Das hätte böse enden können. Das Spiel war für mehr als eine Viertelstunde unterbrochen, bis sich die Lage im Stadion wieder etwas beruhigte. Draußen in den Straßen gingen die Kämpfe derweil weiter. Drei Tribünen waren mittlerweile geleert, und ich war froh, einen Platz auf der Haupttribüne ergattert zu haben – dem zu diesem Zeitpunkt wohl sichersten Ort der Stadt. Nach etwas mehr als einer halben Stunde wurden die letzten fünf Minuten der Partie zu Ende gespielt, wobei die Gäste mit dem Schlusspfiff noch das 2:0 erzielten. Am vorletzten Gruppenspieltag war Kongo-Brazzaville damit so gut wie ausgeschieden. Zu diesem Zeitpunkt rechnete keiner damit, dass sich das Blatt vier Tage später wenden sollte. Es folgte ein Auswärtssieg im Sudan, während Nigeria zuhause gegen Südafrika nicht über ein Unentschieden hinauskam. Man hatte sich qualifiziert. Alle Aufregung und Gewaltausbrüche vergebens. Als wir das Stadion eine weitere halbe Stunde später verließen, hatte sich auch die Lage auf den Straßen wieder etwas beruhigt und wir konnten uns gemütlich ein Feierabendbier gönnen.

Mit einem Inlandsflug der Equatorial Congo Air ging es zurück nach Brazzaville, von wo aus ich per Motorboot auf das am anderen Flussufer liegende Kinshasa übersetzte. Zuvor mussten noch einige aufdringlich hilfsbereite Nepper und Schlepper abgeschüttelt werden. Die Formalitäten an der Grenzstation konnte ich auch im Alleingang absolvieren und das entsprechende Boot war auch ohne fremde Hilfe zu finden. Da war ich nun in Kinshasa, und diese Stadt spottet jeder Beschreibung: ein 10-Millionen-Moloch, der alle negativen Afrika-Klischees von Korruption über Kriminalität bis hin zu einem enormen sozialen Ungleichgewicht erfüllt. Schutzgeld eintreibende Polizisten, Lebensmittelpreise wie in Paris und mitunter Straßenverhältnisse wie im tiefsten Busch. Diese Megastadt ist nahezu von der Außenwelt abgeschnitten; will man in andere Landesteile reisen, muss man fliegen. Vernünftige Straßenverbindungen oder eine Eisenbahnlinie aus der Stadt heraus gibt es nicht. Und selbst der Kongo (also der Fluss), der eine wichtige Verbindung ins Hinterland darstellt, ist wegen der gleich außerhalb Kinshasas anzutreffenden Stromschnellen nicht bis zum Meer hin schiffbar. Man hat es nicht leicht in dieser Stadt.

Ich kam bei der Familie meines Freundes unter, der aus beruflichen Gründen nicht zum Länderspiel mitkommen konnte. Stattdessen gab er mir zwei seiner einheimischen Bekannten an die Hand, die mir nicht nur die Kneipen- und Musikszene der Stadt näherbrachten, sondern mich später auch ins Stadion begleiten sollten. Noch in den 1970er Jahren galt Kinshasa als eine der Metropolen der afrikanischen Schallplattenindustrie. Zahlreiche populäre Gruppen machten die kongolesische Rumba auch weit über die Landesgrenzen hinaus bekannt. Bedauerlicherweise kam die Musikindustrie in den nachfolgenden Jahrzehnten aufgrund der zunehmend miserabler werdenden Lebensverhältnisse nach und nach zum Erliegen. Was erhalten blieb, ist die Liebe der Kongolesen zur Musik. Zieht man abends in Kinshasa von Kneipe zu Kneipe, findet man immer wieder Live-Bands, die bei freiem Eintritt für musikalische Unterhaltung sorgen. Das Nachtleben spielt sich dabei meist im Freien ab, bei den klimatischen Verhältnissen hält man es ohnehin nicht lange in geschlossenen Räumen aus. Das Bier kommt in großzügigen 0,65er Flaschen daher und ein beliebter Snack ist gegrilltes Ziegenfleisch, welches in kleine, mundgerechte Stücke geschnitten in scharfe Dips getunkt wird.

Im Stade des Martyrs, dem eigentlichen Nationalstadion, konnte wegen Renovierungsarbeiten nicht gespielt werden. Glücklicherweise wich man aber nicht wie schon zuvor ins schwer zugängliche und nur kostspielig zu erreichende Lubumbashi am anderen Ende des Landes aus, wo nach Tausch des Heimrechts bereits das Hinspiel ausgetragen wurde. Das war erforderlich gewesen, da sich in Sierra Leone gerade die Ebola ausbreitete. Für mich als Stadionnostalgiker war es ein Glücksfall, dass die Partie im alten Stade Tata Raphaël in Kinshasa angesetzt war: Jenem geschichtsträchtigen Ort, wo einst 1974 der legendäre Boxkampf zwischen George Foreman und Muhammad Ali (The Rumble in the Jungle) samt musikalischem Rahmenprogramm unter Mitwirkung von unter anderem James Brown und B.B. King ausgetragen wurde. Und seit damals hat sich das Stadion kaum verändert.

Eintrittskarten gab es wieder einmal nur am Spieltag selbst. Der Andrang für dieses vermeintlich unwichtige Spiel war nicht so groß wie noch zu den vorangegangenen Partien, was wohl da-

Länderspiel im Stade Tata Raphaël, 1974 Schauplatz eines legendären Boxkampfes.

ran lag, dass man selbst bei eigenem Sieg auf die Ergebnisse der anderen Gruppengegner angewiesen war. Wir entschieden uns dennoch für den VIP-Bereich auf der Haupttribüne. Sicher ist sicher. Die Gäste aus Sierra Leone reisten von ihrer Unterkunft aus in einem ausrangierten norwegischen Linienbus an, der direkt in den Stadioninnenraum geleitet wurde und am Spielfeldrand hielt. Von dort aus ging es für Mannschaft und Betreuer erst einmal in die Kabinen. Auf den Tribünen versorgten mobile Händler die wartenden Zuschauer mit Limo, Wasser und Snacks. Vor Anpfiff präsentierten beide Mannschaften noch ein Banner, dass zum gemeinsamen Kampf gegen Ebola aufrief. Alles sehr entspannt.

Das gut 30.000 Zuschauer fassende Stadion war zu etwa zwei Dritteln gefüllt und die Stimmung ausgelassen und voller Vorfreude. Den Gästen gelang nach einer halben Stunde Spielzeit der überraschende Führungstreffer, den die Hausherren aber noch vor der Pause ausgleichen konnten. Nach einem Platzverweis für Sierra Leone in der 60. Minute und einem im Anschluss verwandelten Foulelfmeter schien alles nur noch Formsache. Doch selbst in Überzahl tat man sich schwerer als erwartet. Erst in der Schlussminute wurde mit dem 3:1 der Sack zugemacht. Eigentlich ein Grund zur Freude. Als aber durchsickerte, dass sich Côte d'Ivoire und Kamerun im Parallelspiel 0:0 trennten und man dadurch nur Gruppendritter wurde, kippte auch hier die Stimmung. Die Folge war ein Platzsturm, gefolgt von Jagdszenen zwischen aufgebrachten Fans und knüppelnden Polizisten. Das war alles nicht ganz so dramatisch wie ein paar Tage zuvor in Pointe-Noire, bildete dennoch einen unwürdigen Abschluss eines ansonsten sehr angenehmen Nachmittags. Die Ironie des Schicksals wollte es auch hier so, dass sich Kongo-Kinshasa nach der Niederlage Ägyptens in Tunesien wenige Stunden später doch noch als bester Gruppendritter für den Afrika-Cup qualifizierte. Dort traf man dann übrigens wenige Monate später im Viertelfinale auf den kleinen Nachbarn aus Kongo-Brazzaville.

Jagdszenen in Kinshasa nach Schlusspfiff.

Indien

Meine Liebe zu Indien nahm ihren Anfang in England. Nach Abschluss meines Studiums in München und einem unbezahlten Praktikum in Dublin zog es mich im Sommer 1997 nach London. Als Übersetzer für Englisch/Deutsch sah ich dort die besseren Chancen für den Berufseinstieg. Ohne Job und ohne Wohnung, ohne Rückfahrkarte und mit nicht mehr als einem Koffer mit dem Notwendigsten drin, wagte ich den Sprung ins kalte Wasser. Die ersten Nächte verbrachte ich auf der Couch im Wohnzimmer einer befreundeten Wohngemeinschaft. Firmenadressen fand ich in den Gelben Seiten und Bewerbungsschreiben sowie Einstellungstests tippte ich in der öffentlichen Bücherei, druckte diese vor Ort aus und verschickte sie dann per Post. Das Internet war zwar schon erfunden, aber längst noch nicht im Alltag angekommen. Nach nur vier Wochen hatte ich eine feste Anstellung in einer Übersetzungsagentur am Covent Garden gefunden. An Spieltagen jobbte ich zusätzlich noch als Ordner an der Stamford Bridge in Chelsea. Für den Profifußball fehlte mir das Geld, aber so konnte ich zumindest hin und wieder etwas Stadionatmosphäre schnuppern. Ich wohnte in Hackney im Londoner Osten, was damals noch eine ziemlich heruntergekommene Gegend war (und daher verhältnismäßig günstige Mieten bot), mittlerweile aber ziemlich hip (und teuer) geworden ist. Anstelle von Pfandleihern und pakistanischen Cornershops findet man dort jetzt vermehrt teure Craft-Beer-Pubs und Bio-Bäckereien. Meine Unterkunft musste ich ein paar Mal wechseln; man darf am unteren Ende der Preisskala nicht allzu wählerisch sein. Da war zum Beispiel der irische Alkoholiker, bei dem ich zur Untermiete wohnte, der oft mittags schon ratzevoll war und eine weitere Vorauszahlung der Miete forderte; oder der ältere Herr aus Bangladesch, der aus seiner gelebten Doppelmoral keinen Hehl machte: Seine strikte Hausordnung sah keinen Alkohol, kein Schweinefleisch und keine Frauenbesuche vor. Gleichzeitig bat er mich aber immer wieder, ihm mal „Filme ab 18" aus der Videothek zu besorgen, denn dort wollte er nicht von seinen Glaubensbrüdern auf frischer Tat ertappt werden. Ich lehnte ab: freundlich, aber bestimmt.

In der großen Grünanlage der Hackney Marshes wurde damals schon gegen den Ball getreten, wenn auch noch nicht so gut organisiert wie heutzutage, wo sich gleich mehrere Dutzend Spielfelder zur Nutzung im Freizeitsport aneinanderreihen. Was mich aber wirklich beeindruckte, war die kulturelle Vielfalt meines Viertels, das etwa zu einer Hälfte afro-karibisch, zur anderen südasiatisch geprägt war. Musikalisch fand ich mich bei den Jamaikanern wieder, welche auch meinen lokalen Pub betrieben, wo aus den Boxen Reggae und Ska dröhnte und das Pint nur 2 Pfund kostete. In kulinarischer Hinsicht erweiterten die indischen Restaurants und Take-Aways meinen Horizont. Auf den Märkten vernahm ich neue, unbekannte Gewürze mit fremden Gerüchen, alte Frauen in bunten Saris, die farbenfrohen, surrealen Darstellungen der hinduistischen Götterwelt, kitschige Filmplakate, bizarre Schriftzeichen, schräge Musik. Ohne jemals dort gewesen zu sein, faszinierte mich Indien immer mehr. Es schien so völlig anders als alles, was ich bis dahin kannte. Es war dann wohl eine ältere Ausgabe des National Geographic vom Flohmarkt, die mich auf den rechten Pfad leiten sollte. Darin eine Story über Eisenbahnreisen auf dem Subkontinent mit eindrucksvollen Fotos und spannenden Erzählungen über Menschen, Landschaften und eben Züge. Das war die Eingebung. Auf einmal war alles klar: Da muss ich hin!

Nach nur einem Jahr beendete ich das Kapitel England; der Abschied fiel mir nicht sonderlich schwer. Aufgrund meines niedrigen Einstiegsgehalts und der hohen Lebenshaltungskosten war mein Lebensstandard im Vergleich zum Studentendasein in München sogar gesunken. Im Winter 1998/99 verbrachte ich ein halbes Jahr in Indien und reiste kreuz und quer durchs Land. Eines wurde mir offensichtlich: Indien polarisiert. Manche Besucher möchten so schnell wie möglich wieder weg – andere am liebsten für immer bleiben. Man liebt es oder man hasst es. Oder man entwickelt eine gewisse Hassliebe, so, wie es bei mir anfangs der Fall war. Es ist ein immerwährendes Auf und Ab, wie eine Achterbahn für Seele, Nerven und Immunsystem. Mangels Vergleichsmöglichkeiten mit anderen mir bekannten Ländern oder Regionen bezeichnete ich es damals selbst als „Planet India“. Mich ließ es nicht mehr los. 2003 zog es mich nochmal für drei Monate dort hin, danach lange nicht mehr. Es standen noch so viele andere Ziele auf meinem Wunschzettel. Ein erneuter Besuch war aber längst überfällig geworden. Gegen Ende 2015 fügte sich das Schicksal erneut und nahm mir die Entscheidung ab.

Im südindischen Bundesstaat Kerala strickte der regionale Fußballverband an Plänen, den eingeschlafenen Sait Nagjee Cup wieder ins Leben zurückzurufen. Dieses Turnier wurde seit 1952 regelmäßig ausgespielt, erfreute sich großer Beliebtheit, wurde aber nach 1995 eingemottet. Üblicherweise trat dabei eine Reihe einheimischer Vereine an, gespickt mit Gastmannschaften aus Nachbarländern wie Pakistan oder Bangladesch. Für die Wiederaufnahme des Turniers 2016 wurde mit Mahindra, einem großen indischen Nutzfahrzeughersteller, ein potenter Hauptsponsor gefunden. Diesmal sollte alles größer und internationaler aufgezogen werden: Vor allem erhoffte man sich, ein paar Topvereine aus dem fernen Ausland gewinnen zu können. Ich habe keine Ahnung, wie viele Briefe, E-Mails und Anrufe zwischen Veranstalter und potenziellen Teilnehmern ausgetauscht wurden, geschweige denn, wer wohl alles auf dem Wunschzettel stand. In den ersten Pressemitteilungen einige Monate vor dem Turnier war zum Bei-

Bootsfahrt durch die Backwaters von Kerala im Südwesten Indiens.

spiel noch von River Plate (Argentinien), Corinthians (Brasilien) und Brisbane Roar (Australien) die Rede, die angeblich schon zugesagt hätten. Bei Hertha BSC war auf einmal von einer möglichen Indienreise die Rede und auch bei meinem Verein, dem TSV 1860 München, wurde angefragt. Das wurde nicht offiziell kommuniziert, aber in den Fanforen bereits heiß diskutiert. Schließlich hatte man als Sechzger seit viel zu langer Zeit nicht mehr die Gelegenheit gehabt, zu einem internationalen Spiel zu fahren. Und dann noch mit der Zweiten Mannschaft – in Indien!

Die Organisation verlief, sagen wir mal, etwas schleppend. Termine wurden mehrfach verschoben, es blieb auch noch die Ungewissheit, ob die Kosten tatsächlich wie versprochen vom Hauptsponsor übernommen werden würden. Da überrascht es nicht, dass es vielen Vereinen irgendwann einfach zu bunt wurde und sie letztendlich absagten. Dieses Durcheinander durchkreuzte leider auch die Pläne vieler reisewilliger Fans, die auf diese ganz besondere Auswärtsfahrt verzichten mussten. Für die offizielle Eröffnungsfeier Anfang Januar wurde sogar Ronaldinho als „Fußballbotschafter" eingeflogen. Das Turnier selbst verschob sich abermals und startete erst am 5. Februar. Diesmal aber wirklich. Trotz aller Anlaufschwierigkeiten fanden sich Anfang Februar 2016 acht Mannschaften in Kerala ein: Darunter auch die von Daniel Bierofka trainierten Sechzig Amateure – fast zu 100 % das Team, das anderthalb Jahre später nach dem Doppelabstieg der Ersten Mannschaft von der Zweiten Bundesliga in die Regionalliga in genau dieser aufgehen sollte.

Das Teilnehmerfeld des Turniers kann getrost als bunt, facettenreich oder gar bizarr bezeichnet werden.

Gruppe A:
CA Paranaense, Watford FC, Volyn Lutsk, Rapid Bukarest.
Gruppe B:
Argentinien U23, Dnipro Dnipropetrowsk, Shamrock Rovers, TSV 1860 II.

Bemerkenswerterweise war keine einzige indische Mannschaft am Start. Bis kurz vor Meldeschluss stand die indische U23 als Platzhalter bereit. Vor Ort wurde das Turnier als „Mini-WM" angepriesen und als organisatorischer Probelauf für die U17 FIFA-WM betrachtet, deren Ausrichter Indien im Jahr darauf sein sollte. Alle Spiele fanden im EMS Corporation Stadium in Kozhikode (ehemals Calicut) statt, einer mitten im Stadtzentrum gelegenen, maroden Betonschüssel mit einer Kapazität von rund 50.000 Plätzen, welche die Herzen von Nostalgikern und Ruinenanbetern sofort höherschlagen lassen dürfte. Und ich war dabei – wie sich herausstellen sollte, sogar als einziger Fan meines Vereins. Beinahe aber hätte ich meine Flüge, ähnlich wie Ronaldinho, schon für Januar gebucht. Doch ich wartete, bis wirklich alles in trockenen Tüchern war und ich von Sechzig die Bestätigung bekam, dass auch tatsächlich teilgenommen wird.

Nagjee Cup in Kozhikode.

Kerala im Südwesten wirkt im Vergleich zu manch anderer Ecke Indiens weniger chaotisch, ordentlicher und insgesamt entspannter. Schon bei meinem ersten Besuch vor vielen Jahren wusste ich das zu schätzen. Ich konnte es kaum erwarten und machte mich schon zwei Wochen vor Turnierbeginn auf die Reise, um mal wieder so richtig in dieses spezielle Lebensgefühl einzutauchen. Mein Flug brachte mich nach Cochin. Über die palmengesäumten Wasserstraßen der Backwaters lässt sich die Gegend gut per Boot und Fährschiff erkunden, wo ich auf dem Weg zum Spielort noch ein paar Zwischenstopps einlegte. Die ideale Gegend zur Entschleunigung. Das Leben geht dort einen langsameren und einfacheren Gang. An fast jeder Ecke gibt es für wenige Rupien Kokosnüsse oder frischen Zuckerrohrsaft, und die südindische Küche ist ohnehin hervorragend. Statt auf Tellern

Eröffnungsspiel in Kozhikode zwischen Watford und Paranaense.

werden die meist aus Reis und Gemüse bestehenden Gerichte auf Palmblättern serviert. Besteck sucht man meist vergebens und gegessen wird mit der rechten Hand.

Am Turnierort in Kozhikode quartierte ich mich in einem günstigen Mittelklassehotel im Zentrum ein, nicht weit vom Stadion entfernt. Zum Eröffnungsspiel mit großem Feuerwerk zwischen CA Paranaense (aus Curitiba, Brasilien), die zwei Jahre darauf die Copa Sudamericana gewinnen sollten, und dem Elton-John-Club Watford FC aus der Londoner Vorstadt fanden sich 35.000 Zuschauer ein. Das waren weit mehr, als ich erwartet hatte. Schließlich gilt Fußball hier bei weitem nicht als Volkssport und rangiert weit hinter Cricket, Feldhockey und Kabaddi (einer Art Fangspiel mit Profi-Liga – unbedingt mal danach googlen). Der Eintritt zu allen Spielen betrug bei freier Platzwahl auf den Betonstufen jeweils 150 Rupien (etwa 2 Euro) – mit Ausnahme der VIP Seats für 500 Rupien, worin zwar Tee und Wasser enthalten waren und man auf Plastikstühlen in Augenhöhe zum Spielfeld Platz nehmen durfte, damit aber auch die mit Abstand schlechteste Sicht aufs Geschehen hatte.

Ebenso wie das Betreuerteam aus München-Giesing fand ich mich auf der Tribüne ein, wo wir uns über bereits Erlebtes austauschten. Die Mannschaft selbst war im Hotel geblieben. Die gesamte Delegation der Löwen war im Gegensatz zu mir in einer gediegenen Luxusherberge außerhalb der Stadt untergebracht, bekam dafür aber nicht viel vom üblichen Gewusel in der Stadt mit – was hinsichtlich der Spielvorbereitung von Vorteil gewesen sein dürfte. Denn tags darauf sollten die kleinen Löwen zu ihrem ersten Einsatz kommen. Mit großer Vorfreude lief ich schon den ganzen Tag im Trikot durch die Stadt. Im Gegensatz zum Afrika-Cup in Ghana 2008, wo mir oftmals freudig „Abédi Pelé“ entgegenhallte, sobald der Löwe auf der Brust erkannt wurde, konnten die Inder mein Outfit aber gar nicht einordnen. Oder es war ihnen einfach egal.

Bei tagsüber schwülwarmen 36 Grad freut man sich auf die Abendstunden, wenn die Temperaturen auf angenehme 25 Grad sinken und man endlich ins Stadion kann. Unser Auftaktgegner war die U23 Argentiniens und ich befürchtete ein Debakel. Aber das Gegenteil war der Fall: Die Gurkentruppe der Gauchos wurde mit 3:0 vom Platz gefegt. Torschützen: Bachschmid, Seferings, Köppel. Was für ein Turnierauftakt! Ich war außer mir vor Freude. Es waren geschätzte 20.000 im Stadion und viele Zuschauer hatten argentinische und deutsche Flaggen mitgebracht. Dass ich aber in einem Trikot in argentinischen Farben antanzte und damit das vermeintliche „Team Germany“ unterstützte, verwirrte so manchen. Ich hingegen konnte nicht fassen, was für Spaßvögel da bei den Argentiniern aufgelaufen waren: Das kann beileibe nicht deren Olympia-Auswahl gewesen sein. In Argentinien hatte die neue Saison gerade begonnen, womit wohl kaum taugliche Spieler abgestellt werden durften. Ihren Kredit bei den Indern hatten sie zumindest schnell verspielt. Und so war es mir ein leichtes, den Mob zum Anfeuern zu bewegen. Anstatt die Südamerikaner auszubuhen, galt es jetzt die Löwen anzufeuern. Von mir animiert, hallte es bald lautstark *Sechzig, Sechzig!* aus Dutzenden Kehlen von der Tribüne – auch wenn es eher nach *Sexy, sexy* klang und einige der Anwesenden äußerst erheiterte. Wenn man sich, so wie ich, ganz ungeniert zum Affen macht, steht man natürlich im Mittelpunkt. Gruppen- und Familienfotos mit mir waren sehr begehrt. Es kam zeitweise sogar zu kleineren Rangeleien unter den Wartenden.

Für die Argentinier sollte es nicht die letzte Niederlage gewesen sein: Mit null Punkten und null Toren verabschiedeten sie sich nach drei Spielen aus dem Turnier. Für unsere Mannschaft ging es zurück ins Hotel und für mich in die Bar nebenan, um mit zwei schnellen Kingfisher auf den Sieg anzustoßen. Über eine Schanklizenz verfügen hier nur einige der besseren Hotels und Sperrstunde ist auch schon um 22 Uhr. Dafür kostet ein Bier dann auch ungefähr so viel wie zwei Mahlzeiten. Wer in Indien Bier trinken möchte, sollte lieber nach Goa oder Mumbai fahren.

Unsere nächste Vorrundenpartie ging dann gegen die irischen Abgesandten der Shamrock Rovers aus Dublin. Die Pressekonferenz war geprägt von zahlreichen Rückfragen und Verständnisschwierigkeiten, da weder die Münchner noch die Iren mit der Aussprache und Intonation des indischen Englisch vertraut waren. Inhaltlich kam auch nicht viel rüber; für einen Artikel in der Lokalzeitung langte es. Im Anschluss an den offiziellen Teil stand ich erneut im Mittelpunkt des Interesses, als ich von den indischen Journalisten zu meinen Beweggründen der Reise und Einschätzungen zum weiteren Turnierverlauf befragt wurde. Das war mir auch noch nicht passiert. Die Interviews konnte ich bei meiner morgendlichen Durchsicht der lokalen Tageszeitungen nicht ausfindig machen, da die meisten Blätter nicht auf Englisch, sondern auf Malayalam erscheinen, der Sprache und Schrift Keralas. Zumindest an den Fotos ließ sich erkennen, auf welchen Seiten es um Fußball ging.

Nach der Pressekonferenz war ich als Gast zum Abendessen ins Mannschaftshotel geladen. Eine ganz besondere Ehre, zu der ich wohl nicht gekommen wäre, hätten sich Dutzende Löwenfans auf den Weg nach Indien gemacht und ich nicht der einzige geblieben wäre. Am Vorabend des Spiels gegen die Iren fuhr ich zusammen mit den Offiziellen und deren Privatchauffeur eben dorthin. Es folgte ein kurzer Rundgang durch die imposante Hotelanlage, bevor ich im Speisesaal der Mannschaft vorgestellt wurde. Am reichhaltigen Buffet stand sowohl „Western food“ als auch lokale Kost zur Auswahl; selbstredend in bester Qualität und Aufmachung. Ich dürfte wohl einer der wenigen gewesen sein, der Kartoffelsalat und Hühnchenschnitzel (gekennzeichnet mit dem Hinweis „no spicy“) verschmähte und sich stattdessen an Samosas, Sambar und Tandoori-Lamm labte. In der auf Kühlschranktemperatur klimatisierten Hotelbar gab es später für mich und die nicht am aktiven Spielbetrieb Beteiligten noch eine Runde Bier, bevor ich an der Rezeption eine Moto-Rikscha für meine Rückfahrt bestellte. Das sind diese in Indien allgegenwärtigen motorisierten Dreirad-Tuk-Tuks, ziemlich laut und stinkend. Mein Anliegen sorgte für mittelgroße Verwirrung und etwas Aufregung, da Leute, die hier absteigen, üblicherweise ihr eigenes Fahrzeug inklusive Fahrer dabeihaben und vor allem nicht gegen Mitternacht zurück

Fans beim Spiel zwischen den Amateuren des TSV 1860 und der argentinischen U23.

in die Stadt wollten. Aber irgendjemand kannte wieder irgendeinen anderen, der noch schnell antelefoniert werden konnte, um sich ein paar Rupien dazuzuverdienen. Ein sehr schöner Abend mit der Mannschaft, der mir noch lange in Erinnerung bleiben wird. Allerdings verfehlte meine Motivationsrede ans Team ihre Wirkung. Die Partie gegen den irischen Erstligisten ging vor abermals 20.000 Zuschauern knapp mit 2:3 verloren. Die Shamrock Rovers waren übrigens neben Rapid Bukarest und Volyn Lutsk die einzigen, die mit ihrer ersten Mannschaft und nicht der Reserve antraten.

Während des Turniers besuchte ich freilich auch einige andere Spiele, sodass ich jede Mannschaft zumindest einmal zu sehen bekam. Niemals konnte ich andere Fans oder ausländische Besucher ausmachen. Manchmal traf ich Spieler und Betreuer in der Stadt beim Shoppen oder einfach nur beim Spazierengehen. Die Iren und die Ukrainer waren dabei besonders locker und aufgeschlossen, und dabei auch an meiner Story interessiert. Den Top-Fan Keralas lernte ich übrigens auch kennen und traf ihn gleich bei mehreren Stadionbesuchen an: ein über 80-Jähriger, gekleidet im weißen Lunghi (Wickelrock), der stets mit seinen Tschinellen (Paarbecken) für Stimmung sorgt und auch ansonsten für gute Laune zuständig ist.

Dnipro Dnipropetrowsk war unser letzter Gruppengegner. Aufgrund der Tabellensituation reichte das 0:0 aber nicht zum Erreichen des Halbfinales und die kleinen Löwen mussten nach der Vorrunde die Heimreise antreten. Wir hatten uns wacker geschlagen und nicht nur viele bleibende Eindrücke hinterlassen, sondern auch mitgenommen. Bei den Trainingseinheiten auf einem Sportplatz außerhalb der Stadt waren stets viele neugierige Schulkinder zugegen, die von unseren Betreuern mit 1860-Devotonalien bedacht wurden. Die Mannschaft nutzte die Zeit zwischen den Trainingseinheiten auch zu Ausflügen zwischen Strand und Kultur, womit die Reise nicht nur für mich, sondern sicherlich für alle Beteiligten etwas ganz Besonderes wurde.

Als Turniersieger ging einige Tage später Dnipro hervor. Der ukrainische UEFA-Europa-League-Finalist von 2015 konnte sich im Finale klar mit 3:0 gegen die Brasilianer von Paranaense durchsetzen. Drei Jahre darauf war Dnipro Geschichte: Der Verein wurde aufgelöst. Auch der Versuch, das Turnier wiederzubeleben, scheiterte. Seit 2016 fand es keine Fortsetzung mehr. Es sollte wohl eine einmalige Sternschnuppe am indischen Fußballhimmel bleiben. Schon 2013 nahm die Indian Super League als reine Profiliga ihren Betrieb auf: eine Liga nach Vorbild der nordamerikanischen MLS mit Franchise-Teams und ohne Auf- oder Abstiegsregelung. Populärer hat das den Fußball in Indien nicht gemacht. Es scheint aber zumindest ein profitables Geschäftsmodell zu sein.

Nachdem ich wieder zuhause angekommen war, erreichte mich eine Postsendung aus der Grünwalder Straße 114. Darin ein Fotobuch mit Bildern, die während der Reise von Spielern und Betreuern selbst geschossen wurden, signiert von allen, die dabei waren – welches vor allem auch nur an die Teilnehmer dieser Expedition verteilt wurde. Das dürfte damit wohl das exklusivste Sammlerstück sein, das ich mein Eigen nennen darf.

Nordkorea

Während im Frühjahr 2021 Aufrufe zu einem Boykott der Fußball-Weltmeisterschaft in Katar wieder lauter werden, sei daran erinnert, dass es in der Geschichte schon einmal einen größer angelegten WM-Boykott gab, wenn auch aus völlig anderen Beweggründen, als es diesmal der Fall ist. Für die WM 1966 in England hatte die FIFA nämlich für die drei Kontinentalverbände Afrikas, Asiens und Ozeaniens sage und schreibe insgesamt nur einen Startplatz vorgesehen. Alle fünfzehn afrikanischen Mannschaften sagten daraufhin aus Protest ihre Teilnahme an den Qualifikationsrunden ab. Südafrika war bereits aufgrund seiner Apartheid-Politik ausgeschlossen worden. In Asien waren mit Nord- und Südkorea ohnehin nur zwei Verbände gemeldet, wobei die Südkoreaner „aus logistischen Gründen" zurückzogen. Mit Australien als einzigem Vertreter Ozeaniens und eben Nordkorea blieben also nur noch zwei Teams übrig. Es war halt noch eine etwas kleinere Fußballwelt damals. Wer von den beiden nach England fahren würde, sollte in zwei Entscheidungsspielen in der kambodschanischen Hauptstadt Phnom Penh ermittelt werden. Reine Formsache, dachten viele, und wähnten die *Aussies* schon auf dem Weg ins Mutterland. Doch es sollte ganz anders kommen. Die beiden im Abstand von nur vier Tagen im November 1965 angesetzten Partien konnten die Nordkoreaner klar für sich entscheiden. Mit 6:1 und 3:1 ließ man den Australiern keine Chance.

Im Juli 1966 reiste die nordkoreanische Delegation ins nordenglische Middlesbrough, um im dortigen Ayresome Park ihre Vorrundenspiele zu bestreiten. Nach einer erwarteten Auftaktniederlage von 0:3 gegen die Sowjetunion trotzte man den Chilenen ein überraschendes 1:1 ab. Ihre im Vergleich zum englischen Fußball schnelle, spritzige Spielweise begeisterte die Zuschauer, die wiederum die Nordkoreaner zu „ihrem" Team erkoren. Middlesbrough war damals weit weg von der großen Welt des Fußballs. Der heimische Verein hatte die Saison gerade als Vorletzter der Division Two beendet und war abgestiegen. Und so solidarisierte man sich aus nachvollziehbaren Gründen mit dem Außenseiter, der zudem begeisternden Fußball spielte. Als dann noch die Italiener mit 1:0 bezwungen und nach Hause geschickt werden konnten, war die Sensation perfekt und die Freude groß. Zum

Viertelfinalspiel gegen Portugal im Goodison Park machten sich hunderte Fans aus Middlesbrough auf den Weg zum „Auswärtsspiel“ in Liverpool. Und auch dort lag die nächste große Überraschung bereits in der Luft. Nach einer fulminaten Anfangsphase führte Nordkorea nach fünfundzwanzig Minuten bereits mit 3:0. Ihr Pulver hatten sie aber zu früh verschossen, und nicht weniger begeisternd anzusehen war, wie die Portugiesen rund um Eusebio das Spiel drehten und mit 5:3 als Sieger vom Platz gingen. Für Nordkorea war damit das Turnier beendet. Einen bleibenden Eindruck hinterließen sie dennoch – nicht nur bei ihren neu gewonnen Fans aus Middlesbrough. Nur ein weiteres Mal sollte 2010 in Südafrika eine WM-Endrunde erreicht werden, welche aber bei drei klaren Vorrundenniederlagen weit weniger ruhmreich in Erinnerung blieb.

Zugegebenermaßen wissen wir alle nicht viel über Nordkorea. Die Bilder von den großen Militärparaden auf dem Kim-Il-Sung-Platz kommen einem als erstes in den Sinn. Oder Erzählungen von den wenigen, denen eine Flucht gelungen ist. In den täglichen Nachrichten spielt das Land kaum eine große Rolle, wenn sich nicht gerade ein mittlerweile abgewählter US-Präsident mit der dortigen Führung zu einem PR-Foto-Termin trifft oder wieder mal ein erfolgreicher Raketentest durchgeführt wurde. Aber bei Interesse finden sich auch einige Dokumentationen und Reportagen, die sich etwas tiefgründiger mit der Situation im Lande beschäftigen. Natürlich stößt man in manchen Filmreportagen und vor allem in den bekannten Videokanälen auf so manchen ausgemachten Blödsinn, wie etwa den Mythos, dass im Staatsfernsehen verbreitet wurde, Nordkorea hätte die WM gewonnen. Für so dumm werden die Leute dann auch wieder nicht verkauft. Viele Beiträge zeichnen ein verzerrtes Bild oder beschränken sich sehr auf die selektive Wahrnehmung des jeweiligen Autors – wobei letzteres wohl auch auf mich zutrifft. Ganz zu schweigen von nahezu absurden, witzig gemeinten Erlebnisberichten aus dem „kommunistischen Disneyland“, produziert von Selbstdarstellern, die auf Effekthascherei in den sozialen Medien aus sind. Mit der Realität und der alltäglichen Lebenssituation der Menschen haben diese Selfie-Stick-Filmchen selten etwas zu tun.

Nun war ich zweimal selbst auf Reisen in Nordkorea, jeweils für zehn Tage im Sommer 2015 und 2019, maße mir aber nicht an, eine unverfälschte, objektive Darstellung der tatsächlichen Situation vor Ort vermitteln zu können. Auch nach meinen eigenen Erfahrungen in diesem vom Rest der Welt so abgeschotteten Land bleibt vieles geheimnisvoll und rätselhaft. Was ich aber kann, ist meine persönlichen Beobachtungen und Einschätzungen wiederzugeben. Nach jedem von mir niedergeschriebenen Satz könnte jemand mit dem Einwurf „Ja, aber…" kommen. Das ist in Ordnung. Persönliche Eindrücke und Erfahrungen können variieren und was gestern noch wahr war, mag heute schon nicht mehr stimmen. Ein schönes Beispiel: Während sich das Wissen um den internationalen Fußball bei meinem Besuch 2015 noch auf Welt- und Asienmeisterschaften beschränkte und niemand auch nur drei europäische Vereinsnamen hätte aufzählen können, so wurden 2019 schon Highlights der englischen Premier League und der deutschen Bundesliga im Fernsehen gezeigt. Selbst der etwa sechs Millimeter große Löwe auf meiner Armbanduhr, der mich als Anhänger des TSV 1860 auswies, wurde vom mir zugeteilen Reiseleiter erkannt. Auf Deutsch ließ er mich wissen: „Das Symbol kenne ich. Das ist die Fußballmannschaft aus München". Ich war etwas erschrocken, wie penibel ich offensichtlich ausspioniert worden war. Des Rätsels Lösung war aber viel banaler und lag einfach darin begründet, dass er auch derjenige war, der einige Monate zuvor meine Freunde aus Giesing betreute, die am Marathon in Pjöngjang teilgenommen hatten. Von seiner Beobachtungsgabe war ich auf jeden Fall beeindruckt.

Unweigerlich stellt sich die Gewissensfrage, ob es ethisch überhaupt zu verteten ist, dorthin zu reisen. Wohl oder übel unterstützt man ja mit einer Reise und seinem Geld das Regime. Aufgrund der strikten internationalen Sanktionen ist es sehr schwierig geworden, an Devisen zu kommen. Da bietet der Tourismus eine wichtige Einnahmequelle, denn Handelsbeziehungen beschränken sich auf die Partner China und Russland. Vor allem in den vergangenen zehn Jahren haben kommerzielle Reisen nach Nordkorea enormen Zulauf erhalten. Es ist einfacher denn je, eine Tour zu buchen, es werden zunehmend neue Ziele und Attraktionen für ausländische Touristen geöffnet. Mich trieb die Neugier ins Land. Mir war es wichtig, mir selbst ein Bild zu machen, auch wenn mir von vorneherein bewusst war, dass einem nur die schönen Seiten gezeigt werden. Allerdings kam ich auch mit mehr Fragen zurück, als ich vor meinen Besuchen hatte. Was ist Kulisse und was ist echt? Wo wird geschauspielert und wo verhalten sich die Menschen authentisch? Vieles blieb unbeantwortet. Wenn man die Augen offen hält und zwischen den Zeilen liest, lohnt sich ein Besuch allemal.

Eine Reise in die Demokratische Volksrepublik Korea (so heißt das Land offiziell) beginnt üblicherweise in Peking. Vor Ort wird in der Kommunikation mit Besuchern üblicherweise das englische Akronym DPRK verwendet. Man kann wählen, ob man von Peking aus fliegt oder sich mit der Eisenbahn auf den Weg macht. Für die Anreise entschied ich mich für einen Flug mit Air Koryo, der staatlichen Airline. Mit Betreten des Flugzeuges beginnt schon das Abenteuer. Auf den Screens laufen Musikvideos der Moranbong-Band, die englischsprachige Pyongyang Times wird ausgehändigt, und es werden Chicken Burger und nordkoreanisches Bier gereicht. Möchte man die Zeitung behalten und als Souvenir mitnehmen, sollte diese aber unbedingt gerollt und nicht gefaltet werden. Grund dafür ist, dass die sich darin befindlichen Abbildungen der Staatsoberen zu ehren sind und aus Respekt eben nicht einfach geknickt werden sollten. Am kleinen, aber modernen Flughafen angekommen, geht die Passkontrolle recht zügig voran. Anschließend gibt es eine Gepäckkontrolle, wo vor allem digitale Speichermedien und Bücher stichprobenartig inspiziert werden. Auf die Einfuhr von politischem und religiösem Material verzichtet man besser, denn das steht unter Strafe. Auch Schriftstücke mit jedwedem Bezug zu einem der beiden Koreas sollte man lieber nicht im Gepäck haben – also auch das gerade vorliegende Werk nicht. Eine leere Speicherkarte erspart viel Zeit und vermeidet unnötige Nachfragen. Smartphones und Laptops darf man einführen, auf Internetzugang muss aber generell verzichtet werden. Mittlerweile lässt sich mit etwas logistischem Aufwand eine lokale SIM-Karte kaufen (ein teueres Unterfangen; ob Zugang zum Internet oder Telefonnetz damit erreicht wird, kann ich nicht beurteilen). Man sollte sich darauf einstellen, während des gesamten Aufenthalts komplett offline und ohne Verbindung zur Außenwelt zu sein: die ideale Gelegenheit zur digitalen Entschleunigung. Bei meiner ersten Reise war ich bei der Ankunft natürlich aufgeregt, aber irgendwie war alles viel entspannter als befürchtet. Vier Jahre später empfand ich das Einreiseprozedere beinahe als Routine. Unsere koreanischen Tour Guides erwarteten uns in der Ankunftshalle, gaben sich gleich zu erkennen und hießen uns herzlich willkommen. In derselben Maschine mit uns angekommen war auch die nordkoreanische Fußballnationalmannschaft der Männer. Kurz zuvor wurde nämlich in Wuhan (China) die Endrunde der Ostasienmeisterschaft ausgetragen, bei der neben der Volksrepublik China auch Japan sowie Nord- und Südkorea unter den letzten Vieren vertreten waren. Eine pikante Besetzung. Leider reichte es nur zum dritten Platz. Die Frauen hatten ihr Turnier gewonnen und waren einen Tag zuvor von Staatschef Kim Jong-Un höchstpersönlich am Flughafen empfangen und anschließend im Autokorso an einer jubelnden Menge vorbei durch die Stadt kutschiert worden. Auf die enttäuschte Männer-Nationalmannschaft wartete außer dem Busfahrer niemand. Ihre Koffer trugen sie selbst zum Bus und wurden ansonsten ignoriert. Ich versuchte noch meine Anerkennung zum Ausdruck zu bringen, aber auch das war ihnen peinlich. Fotos waren ebenso unerwünscht. Bevor es für uns zum Einchecken ins Hotel ging, legten wir auf dem Weg in die Stadt noch einen Zwischenstopp ein: zum Biertrinken. Das ging ja gut los. Wir landeten

Auf die Helden des koreanischen Sports!

in einem kleinen Lokal, in dem die einzelnen Tische durch Spanische Wände voneinander abgetrennt sind. Auf die Wahrung der Privatsphäre wird also geachtet. Zumindest gilt das für Gaststätten. Oft werden wir noch in separaten Nebenzimmern oder mit Sichtschutz flankierten Bereichen speisen und trinken. An Orten, an denen sich ausschließlich touristische Reisegruppen einfinden, wird auf diese Sonderbehandlung eher verzichtet.

Erstmals wird eine dedizierte Fußballreise nach Nordkorea für den August 2015 angeboten, was für mich den Ausschlag gibt, die schon lange in Erwägung gezogene Reise nicht länger aufzuschieben. Nun bin ich nicht unter den ersten Fremden, die mal ein Fußballspiel in Pjöngjang besuchen. Hundertprozentig darauf verlassen, dass man ein Spiel zu sehen bekommt, kann man sich jedoch nicht – selbst dann nicht, wenn es im Reiseprogramm steht. Gelegentlich sind manche Programmpunkte plötzlich nicht mehr zugänglich oder werden ersetzt. Sämtliche Anlaufpunkte und Veranstaltungen müssen für ausländische Touristen grundsätzlich freigegeben und genehmigt sein. Spontan einen bestimmten Laden, ein Lokal – oder eben ein Stadion – zu betreten, kommt daher nicht in Frage. Allerdings sind die Tour Guides auch recht aufgeschlossen, was neue Ideen angeht und setzen oft alles daran, um auf Sonderwünsche einzugehen – sofern man sich denn mit ihnen gut stellt und sich respektvoll verhält.

Ich reise mit einer zehnköpfigen, deutschsprachigen Reisegruppe, die größtenteil aus Fußballinteressierten besteht. Zwei lokale Reiseleiter stehen uns zur Seite, die nicht nur darauf achten, dass man keinen Unfug anstellt, sondern vor allem darum bemüht sind, dass das straff getaktete Programm reibungslos absolviert werden kann. Dazu gehört, dass unser Erscheinen am jeweilig nächsten Besichtigungsort telefonisch angekündigt wird, Formalitäten an den Checkpoints auf Überlandfahrten erledigt werden und auch die angefahrenen Restaurants das Bier rechtzeitig kalt stellen. Von früh morgens bis spät abends reiht sich ein Programmpunkt an den anderen. Die Zunft der Tour Guides in Nordkorea ist in diversen Sprachabteilungen organisiert, sodass Besucher in ihrer jeweiligen Muttersprache betreut werden können. Neben Chinesisch, Russisch, Englisch und Französisch zählt auch Deutsch dazu. Wie ich erst sehr viel später, nachdem das Eis gebrochen ist, erfahren soll, geben sich die Guides der deutschsprachigen Abteilung untereinander deutsche Spitznamen. Darunter so kreative Wortschöpfungen wie Biertrinkmaschine oder Busenmeister. Der nordkoreanische Humor ist schon etwas eigen und lässt sich irgendwo zwischen Altherrenwitz und harmlosem Klamauk verorten.

Uns sind Herr N. und Herr P. zugeteilt. Herr N. ist der ältere, erfahrenere der beiden und spricht ausgezeichnet Deutsch. Herr P., quasi der Auszubildende, ist noch sehr jung und das erste Mal bei einer Tour dabei. Seine Deutschkenntnisse sind gut, aber längst noch nicht auf verhandlungssicherem Niveau. Beide machen einen freundlichen, aufgeschlossenen Eindruck. Ich hatte befürchtet, wir wären ständig der Überwachung von strengen Aufpassern ausgesetzt. Es ist halt eine Frage, wie man es verpackt. Letztlich sind die Tour Guides gut geschult, was den Umgang mit ausländischen Besuchern angeht. Wenn man sich nicht gerade des derbsten Dialekts bedient, verstehen sie eben auch, über was wir uns untereinander unterhalten. So gelingt ihnen durch uns ein flüchtiger Einblick in die Welt jenseits der eigenen Staatsgrenzen. Den Rest leisten dann die abendlichen Gespräche beim Bier. Das sollte einem unbedingt bewusst sein, denn damit fungiert man unweigerlich auch als Botschafter seines Landes. Auf jeden Fall ist in der Kommunikation ein gewisses Maß an Fingerspitzengefühl gefragt. Es ist absolut in Ordnung, zu beschreiben, wie gewisse Dinge und Sachverhalte zuhause oder anderswo ablaufen, allerdings verzichtet man dabei besser auf eine Wertung und behält die eigene Meinung für sich. So kann ein Gespräch auf diplomatischer Ebene auch sehr spannend und reizvoll werden. Die Themenbereiche Politik und Religion lässt man dabei am Besten außen vor. Ganz konsequent war ich dabei nicht. Einmal besuchten wir einen buddhistischen Tempel, was mich zunächst überraschte, da Religion in Nordkorea ja eigentlich keine Rolle spielt. Die Anlage war aufwendig restauriert und als Touristenattraktion herausgeputzt. Derlei Stätten werden nicht als Orte des Gebetes oder der Andacht verstanden, sondern eher als historische Re-

Einsamer Verkehrspolizist in Kaesong.

likte. Vielleicht vergleichbar mit der Bedeutung der Pyramiden und der Rolle von Ramses II. für das heutige Ägypten. Ich erlaube mir, nachdem der lokale Führer seinen mit historischen Namen und Jahreszahlen gespickten Vortrag beendet hatte, die so diplomatisch wie möglich formulierte Frage nach der Bedeutung des Buddhismus im heutigen, modernen Korea. Seine Antwort darauf lädt zum Nachdenken ein: „In der DPRK genießen alle Menschen Religionsfreiheit. Aber 100 % der Bevölkerung haben sich für den Atheismus entschieden."

Unser Besuch fällt in die Zeit des Fackelpokals (Pochonbo Torch Prize), einem jährlich im Sommer ausgetragenem Pokalwettbewerb mit insgesamt 14 teilnehmenden Mannschaften. Es werden noch diverse andere Pokale im K.O.-System ausgespielt, so etwa der Mangyongdae Prize, Hwaebul Prize, Osandok Prize und Paektusan Prize sowie die Republik-Meisterschaft im Oktober. Darüberhinaus gibt es einen Ligabetrieb mit drei Spielklassen, wobei über die Zweite und Dritte Liga fast ebensowenig bekannt ist wie über die Wertigkeit der jeweiligen Pokalwettbewerbe. Zumindest aber ist die Erkenntnis gesichert, dass in der Ersten Liga vierzehn Teams aus fünf verschiedenen Städten antreten und sogar, wie diese Vereine heißen. Inwiefern Ansetzungen oder gar Spielpläne über die lokalen Medien im Voraus kommunziert werden, konnte ich nicht in Erfahrung bringen. Außerhalb Nordkoreas bekommt man diesen Einblick zumindest nicht. Ergebnisse und Tabellenstände sind meist unvollständig und selbst die Liste der bisherigen Pokalsieger und Meister ist lückenhaft: Im Zweifel war es dann wohl der April 25 Sports Club. Das ist jedenfalls der Klassenprimus und Rekordmeister, und ein Verein, der auch international schon des öfteren in Erscheinung getreten ist und 2019 sogar das Finale des asiatischen AFC Cups erreichte. Der Armeesportklub ist übrigens nach dem Gründungstag der koreanischen Volksarmee im Jahre 1932 benannt.

Am 12. August 2015 sollte es dann endlich soweit sein: Mein erster Spielbesuch in Nordkorea. Kyonggongopson gegen April 25. Austragungsort: Rungrado May Day Stadium, grob übersetzt das Stadion des Ersten Mai. Das 1989 eingeweihte Stadion, das aus der Entfernung wie ein riesiger Kraken erscheint und mit einer Kapazität von angeblich 150.000 Plätzen als das größte Fußballstadion der Welt gilt. Keine Frage, es ist zweifelsohne ein gigantisches Bauwerk, wirkt aber von innen längst nicht so groß wie etwa das neue Wembley oder das Aztekenstadion. Ich habe die Sitzschalen nicht nachgezählt, schätze aber, dass es ein Drittel weniger sein dürften als behauptet. Hier ein volles Haus zu erleben wäre mal was. Große Zuschauermengen finden sich üblicherweise nur zu Länderspielen ein, die aber im wesentlich kleineren Kim-Il-Sung-Stadion ausgetragen werden. Das Erster-Mai-Stadion ist allerdings Bühne für das Arirang Festival, eine Massenveranstaltung aus Tanz, Akrobatik und Choreographien, woran rund 100.000 Darsteller mitwirken. Zählt man dann noch die Zuschauer hinzu, kommt man bestimmt auf die 150.000.

So viele sollten es zu unserem Fackelpokalspiel nicht werden. Lediglich 2.000 Besucher interessieren sich für die Partie zwischen den Teams von April 25 und Kyonggongopson, der Mannschaft des Ministeriums der Leichtindustrie – was die Angelegenheit fast wie ein Geisterspiel wirken lässt. Beeindruckt bin ich trotzdem. Vor dem Spiel bekommen wir eine Tour durch die Katakomben: vom Pressezentrum über die Umkleidekabinen bis hin zur medizinischen Abteilung. Die Flure sind mit Fotografien der Höhepunkte des nordkereanischen Fußballs geschmückt, darunter auch Aufnahmen von der WM 1966 in England. Wir dürfen uns ins Goldene Buch eintragen und den Innenraum betreten, bevor wir unsere Plätze etwa auf Höhe der Mittellinie einnehmen – gleich neben dem VIP-Sektor, der für uns gesperrt bleibt. Eine VIP-Behandlung erfahren wir trotzdem. Wir sitzen abgeschirmt von den koranischen Stadionbesuchern. Unter den Anwesenden gibt es keine an Kleidung oder Verhalten erkennbaren Fans. Auch Anfeuerungsrufe oder Gesänge sind nicht zu vernehmen. Es geht sehr gesittet und ruhig zu. Zu Essen oder Trinken wird nichts angeboten, und auch sonst hat der Besuch wenig mit dem Stadionerlebnis zu tun, wie wir es kennen. Die paar wenigen, die sich eingefunden haben, kommen aber nicht alleine oder in kleinen befreundeten Grüppchen, sondern betreten in Reih und Glied, einem Anführer folgend, ihre Plätze. „Es sind Arbeitsbrigaden, die gut gearbeitet haben. Zur Belohnung bekommen sie frei und gehen gemeinsam ins Stadion.“, wie mich Herr N. wissen lässt. Mittlerweile haben die Mannschaften das Spielfeld betreten. „Wer möchte Bier und wenn ja, wie viele?“ – Herr N. setzt alles daran, dass wir uns wohlfühlen und schickt Herrn P. los, Getränke zu besorgen. So gefällt mir das schon besser. Ich drücke der Mannschaft vom Ministerium der Leichtindustrie die Daumen; Serienmeister sind mir irgendwie suspekt. Der Armeesportklub tut sich tatsächlich recht schwer und wirkt alles andere als unbesiegbar. Ziemlich verschwitzt kommt Herr P. vollgepackt mit Plastiktüten voller Flaschenbier zurück. Es ist ein heißer und ziemlich schwüler Nachmittag. Um gekühlte Ware in ausreichender Menge zu bekommen, mussten mehrere Läden angesteuert werden. Wir wissen es Herrn P. zu danken und sollten uns am Abend mit einigen Runden revanchieren. Auf dem Platz wissen die Jungs vom Ministerium zu begeistern und trotzen den Großen ein leistungsgerechtes 2:2 ab. Den Pokal holt sich einige Tage nach unserer Abreise dann doch noch der 25. April, der im

Fackelpokalspiel im Erster-Mai-Stadion.

Finale die Eisenbahner von Kigwancha mit 5:1 bezwang. Das Ministerium der Leichtindustrie sicherte sich den dritten Platz.

Am Tag darauf steht ein Besuch des Kim-Il-Sung-Stadions an, dem ältesten seiner Art in Nordkorea. 1926 unter japanischer Kolonialherrschaft als Kirim-Baseball-Stadion errichtet, wurde es später in Moranbong-Stadion umbenannt und erhielt nach einem weiteren Ausbau 1982 den Namen des ewigen Präsidenten. Heute bietet es Platz für 50.000 Zuschauer. Eigentlich war zu einem späteren Zeitpunkt lediglich eine Stadiontour vorgesehen, aber Dank des Engagements von Herrn N. wurde unsere Besichtigung vorverlegt, sodass wir in den unerwarteten Genuss des U17-Länderspiels der Frauen zwischen der DPRK und der Volksrepublik China kommen. Auch diesmal sollen es nicht mehr als 2.000 Besucher werden, allerdings erwartet uns jetzt überraschenderweise auch organisierter Support. Während wir abermals auf die (fast) besten Plätzen im Oberrang gelotst werden, formiert sich auf der Tribüne unter uns eine Gruppe von etwa 200 in roten Oberteilen gleich gekleideter Fans mit goldfarbigen Flüstertüten (der analogen Schwester des Megafons), sowie einigen Trommeln. Der für die Gruppe zuständige Animateur tut sein Bestes, um lautstark rhythmische Klatscheinlagen und uniforme Sprechchöre zu choreographieren. Damit ist heute um einiges mehr geboten als beim gestrigen Fackelpokalspiel. Schließlich handelt es sich um einen Ländervergleich, welcher einen höheren Stellenwert genießt. Auf dem Platz wussten die Koreanerinnen zu überzeugen und wiesen die Nachbarinnen aus dem Reich der Mitte mit 2:0 in die Schranken. Auch sportlich betrachtet war der gebotene Fußball um einiges besser als das Spiel der Männer am Vortag. Herr P. war einmal mehr für die Getränke zuständig und enttäuschte uns nicht. Einer der Raucher in der Gruppe fragte an, ob man den rauchen dürfe. „Eigentlich nicht", erwidert Herr N. und beauftragt umgehend eine der für uns zuständigen Betreuerinnen Aschenbecher aus massivem Glas herbeizuschaffen, die auf den Marmortischen vor uns platziert wurden. Es ist nicht übertrieben, wenn ich behaupte, dass wir nicht nur im Stadion, sondern während unser gesamten Reise beinahe wie Staatsgäste empfangen wurden. Zumindest wie eine bedeutende Delegation, und nicht wie eine stinknormale Touristengruppe.

Während Zuständige und lokale Guides an den etablierten Besichtigungsorten längst an fremde Besucher gewöhnt sind, mache ich bei meinem zweiten Besuch 2019 ganz neue Erfahrungen. Wir sind zu zweit im Rahmen einer sogenannten Privatreise unterwegs. Eine Privatreise unterscheidet sich vor allem darin, dass man nicht als Teil einer Gruppe unterwegs ist, sondern alleine mit den Guides und dem dazugehörigen Fahrer. Das eröffnet einem ganz neue Perspektiven, mehr Freiheit und die Gelegenheit, tiefer ins Gespräch zu kommen. Diesmal würden uns Frau L. und Herr S. zur Seite stehen, die sich beide als sehr umgänglich herausstellen. Der Fokus der Tour lag auf touristisch unerschlossenen Gegenden außerhalb der mondänen Metropole Pjöngjangs. Letzteres meine ich keineswegs augenzwinkernd, denn Pjöngjang hebt sich stark vom Rest des Landes ab. Der Lebensstandard in der Hauptstadt ist ungleich höher, alleine was die Strom- und Wasserversorgung angeht. Moderne Gebäude, glitzernde Straßenzüge, eine bessere

Versorgungslage sowie eine Vielfalt an Freizeiteinrichtungen vom Vergnügungspark bis hin zur Bowlingbahn. Hier leben und arbeiten zu dürfen, ist ein Privileg. Aber einfach mal hier herziehen und sein Glück versuchen, bleibt den Koreanern verwehrt. Wohnort und Arbeitsplatz sind vorbestimmt und basieren auf der Vorgeschichte der Familie. Das Songbun genannte Kastensystem bestimmt, ob jemand als loyal, unentschlossen oder feindlich eingestuft wird. In diesen drei Gruppen gibt es etwa fünfzig Unterkategorien. Ein Aufstieg innerhalb dieser Klassifizierung ist nahezu ausgeschlossen, ein Abstieg schon eher im Bereich des Möglichen. Selbst um im eigenen Land von A nach B zu fahren, wird ein Passierschein benötigt. Der Staat sorgt sich um alles, und bestimmt auch über alles. Es fällt keine Miete an, die Krankenversorgung ist kostenlos, Steuern sind keine zu zahlen und die Grundnahrungsmittel gibt es kostenlos gegen Lebensmittelmarken. Das klingt unreflektiert erst einmal großartig. Das tägliche Leben stellt sich umso beschwerlicher dar. Bei Fahrten über Land auf den breiten, oft mehrspurigen Fernstraßen fallen viele Fußgänger und Radfahrer ins Auge. Fahrzeuge bekommt man (abgesehen von Militärtransportern oder Touristenbussen) kaum zu Gesicht. Die Felder werden mit Ochsen oder Manneskraft gepflügt. Als mir ein alter Traktor sowjetischer Bauart vor die Linse kommt, muss ich ihn fotografieren, so besonders empfinde ich das. Vor allem in kleineren Städten und den Dörfern lässt sich an der einfachen Kleidung der Menschen erkennen, dass das Leben hier alles andere als ein Zuckerschlecken ist. Mittlerweile wird geduldet, dass Bauern einen kleinen Teil ihrer Erzeugnisse auf Märkten oder am Straßenrand verkaufen. Besonders an Sonntagen sind viele mit Unkrautjäten und Kehrarbeiten beschäftigt, auch Schulkinder. Was auf mich zunächst wie Strafarbeit wirkt, stellt sich als angeordneter Freiwilligendienst heraus. „Die Menschen möchten es schön haben, und helfen alle zusammen.“ Davon bleiben selbst Büroangestellte und unsere Tour Guides nicht verschont. Auch sie müssen jedes Jahr für einige Wochen am Stück hinaus aufs Land, um etwa bei der Ernte zu helfen. „Die Feldarbeit ist ein guter Ausgleich zu unserer normalen Arbeit, macht uns stark und hält uns fit.“

Wir besuchen einen Molkereibetrieb in einem Bergtal, weit ab von der nächsten größeren Verbindungsstraße. Von oben kommend erspähen wir schon die Belegschaft, die sich im Freien versammelt hatte. Wir wären die ersten ausländischen Besucher, denn der Betrieb stand bislang noch nicht auf der Liste der freigegebenen Orte. Man wäre auf unser Feedback gespannt, ob die Produktionsgenossenschaft denn für zukünftige Besucher von Interesse wäre. Das klingt spannend, und war es auch. Vor allem für die Belegschaft, deren Anspannung fast beklemmend wirkt. Jetzt bloß keinen Fehler machen, wenn die ausländische Delegation kommt. Es begrüßen uns ein wichtiger Herr im schwarzen Anzug und ein weiterer mit Helm und in Armeeuniform. Sämtliche Arbeiterinnen tragen traditionelle Kostüme. Zur Aufführung kommt ein Tanz- und Singspiel, das von Liebe, Eifersucht und dem Sieg des Guten über das Böse erzählt – so wie das von Hollywood bis Bollywood nicht anders ist. Die Akteure tragen geschnitzte Holzmasken, die an die Fasnacht im Schwarzwald erinnern. Das

Das Kim-Il-Sung-Stadion in Pjöngjang.

Schauspiel ist gelungen und ein wenig amüsant. Wir applaudieren. Keiner der Höhergestellten meckert oder schimpft. Ich spreche ein paar Worte der Anerkennung und des Respekts und bedanke mich recht herzlich für die wunderbare Darbietung. Frau L. übersetzt und plötzlich sieht und spürt man die große Erleichterung seitens des Ensembles. Auch der Anzugmann und der Helmträger machen jetzt einen entspannteren Eindruck, es entwischt ihnen sogar ein kleines Lächeln. Ich frage, ob ich eine der Holzmasken mal näher ansehen und vielleicht sogar anprobieren könnte. Dass dies zu großer Erheiterung führen würde, war nicht meine Absicht. Umso besser. Die Nervosität wandelt sich in herzhaftes Lachen. Wir machen noch ein paar lustige Fotos mit den Masken und stellen uns zum großen Gruppenbild auf. Beinahe hätten wir die Besichtigung des milchverarbeitenden Betriebs vergessen. Leider ist jetzt keine Zeit mehr, der nächste Programmpunkt wartet schon. Für eine Milch- und Joghurtproduktverköstigung reicht die Zeit, man ist auf unser Urteil gespannt und ich muss nicht lügen, als ich sage, dass ich von der hohen Qualität und dem bekömmlichen Geschmack begeistert bin. Eine klare Empfehlung für zukünftige Besucher. Mission erfüllt.

Auf meiner Reise erlebe ich noch weitere kleine und große Abenteuer. Nördlich der Hafenstadt Hamhung im Nordosten nächtigen wir in einer Bungalow-Ferienanlage am Sandstrand. Das Ambiente wirkt wie Urlaub an der bulgarischen Schwarzmeerküste in den Siebzigerjahren. Wir gehen ein wenig baden, während Herr S. und unser Fahrer sich auf den Weg zum Markt machen, heute soll gegrillt werden. Leider dürfen wir nicht mit, da der Markt nicht für Ausländer geöffnet ist. Schade, denn genau das wären ja die wirklich interessanten Ziele. Sie kommen zurück mit einem Sack voll der Meeresfrüchte: Großgarnelen, Oktopus und Muscheln sämtlicher Coleur. Mir gehen die Augen über. Auf dem Parkplatz vor unserem Bungalow wird angegrillt. Was für ein Festschmaus. Gekühltes Bier holen wir uns aus dem Restaurant des Resorts und den Soju (Reisschnaps) stellt unser Fahrer zur Verfügung. Jetzt ist endlich Gelegenheit, mit unserem wortkargen Fahrer ins Gespräch zu kommen. Unsere Guides helfen beim Dolmetschen, denn die Fahrer sprechen in der Regel keine

Fremdsprachen. Es geht um Familienverhältnisse und persönliche Vorlieben. Der Fahrer weiht uns in ein kleines Geheimnis ein. Im Minibus hat er nämlich gleich zwei Reservekanister verstaut: einen mit Benzin und einen mit Soju. „Der Vorrat reicht für eine zehntägige Tour. Aber getrunken wird nur am Abend." Sehr verantwortungsbewusst. Unsere Guides verabschieden sich heute schon recht früh von uns und überlassen uns unserem eigenen Schicksal. Innerhalb der Anlage könnten wir uns frei bewegen. „Aber verlauft euch nicht. Den Weg zurück zu eurem Bungalow kennt ihr ja." Für mich stellt das einen unerwarteten Vertrauensbeweis dar. Viel zu erleben gibt es nicht, und Ausbüchsen wäre ohnehin das Dämlichste, was wir machen könnten. Zwischen den Bungalows entdecke ich zwei kleine Verkaufsstände, die spät nachts noch in Betrieb sind, obwohl außer uns kaum Gäste auszumachen sind: Einer bietet kleine Snacks an, der andere alles, was man für den Badespaß braucht – vom Schwimmreifen bis zum Strandtuch. Auf unbegleitete Ausländer ist man dort nicht eingestellt. Den Damen hinter dem Verkaufstresen ist unser Interesse scheinbar zuwider, so lassen wir sie in Ruhe, beschließen den Abend in der Hotelbar und lassen das bislang Erlebte Revue passieren.

Zurück zur ersten Reise und einem erstaunlichen Zufall. Besucher, die sich nur für einen Kurzbesuch in Pjöngjang entscheiden, bekommen die standardmäßigen Highlights zu sehen, wie etwa die Mansudae-Großmonumente. Das sind etwa zwanzig Meter hohe Bronzestatuen der beiden verstorbenen Führer des Landes. An einer dortigen Blumenverkaufsstelle treffen wir unverhofft auf die Band Laibach, die aus einem slowenischen Künstlerkollektiv der 1980er Jahre hervorgegangen ist und auch in ihrer europäischen Heimat heute noch für Kontroversen und Missverständnisse sorgt. Ihre Verwendung ideologischer und religiöser Symbolik kann befremdlich und irritierend wirken. Mir waren sie schon lange ein Begriff. Der martialischen Interpretation des Gute-Laune-Stimmungs-Hits *Live is Life* und einigen anderen Werken aus ihrer frühen Zeit lauschte ich schon auf Musikkassette. Nun waren sie im August 2015 nach Nordkorea gekommen, um als erste Band

Folkloristischer Maskentanz im Molkereibetrieb.

aus einem anderen Kulturraum ein Konzert zu geben. Begleitet von Morten Traavik, einem norwegischen Künstler, Regisseur und Tausendsassa, der die ganze Sache eingefädelt hatte. Konnte das gutgehen? Und warum um alles in der Welt entschieden sich die Nordkoreaner ausgerechnet für Laibach und nicht für einen etwas harmloseren oder zumindest weniger provokanten Act? Wir kommen ins Gespräch und ich äußere meinen dringlichen Wunsch, beim anstehenden Auftritt dabeisein zu wollen. Leider hat die Band keinen Einfluss darauf, wer am folgenden Abend ins Ponghwa-Theater darf und wer nicht. Eintrittskarten würden keine verkauft und das mit der Gästeliste funktioniere auch anders, als man es von zuhause kennt. Bis zuletzt bleibt es ein Hoffen und Bangen, ob wir die Erlaubnis von offizieller Seite noch bekämen. Unser Guide setzt alles daran, es wird viel telefoniert und selbst am Eingang des Veranstaltungsorts wird noch rege verhandelt und diverse Listen abgeglichen. Auf einmal geht alles ganz schnell und wir sind unter den 1.500 Auserwählten, darunter zahlreiche

 Würdenträger, ausländische Diplomaten und auch der deutsche Botschafter. Die Show kann beginnen! Das Ambiente entspricht dem, was man von einem klassischen Konzertsaal auch erwarten kann. Es folgt ein 45-minütiges Repertoire aus ein paar Eigenkompositionen, neu interpretierten Stücken aus dem Musical *The Sound of Music* und dem wohl bekanntesten koreanischen Volkslied *Arirang*, welches Sängerin Mina Špiler zum großen Finale in koreanische Tracht gekleidet und in der Landessprache vorträgt und damit das bis dahin wohl ziemlich verstörte Publikum versöhnt. Das gesamte Programm wird umrahmt von Videoinstallationen und Lichteffekten, wobei die koreanische Übersetzung der Texte auf einem LED-Display über der Bühne eingeblendet wird. Mit großen Augen und versteinerten Gesichtern verfolgt das Publikum die Darbietung so, als wären gerade Außerirdische gelandet. Zum Abschluss gibt es tosenden Applaus und stehende Ovationen. Ich bin begeistert. Die Frage, ob das für den Großteil des Publikums auch gilt, oder einfach nur so applaudiert wurde, wie man es eben gelernt hat, bleibt unbeantwortet.

Dem nächsten historischen Moment sollten wir schon kurz darauf beiwohnen. Relativ kurzfristig wurde beschlossen, zum Tag der Befreiung am 15. August, der das Ende des Zweiten Weltkriegs in Asien und damit die Unabhängigkeit von Japan markiert, eine neue Zeitzone einzuführen. Damit würde man sich endgültig von einem weiteren Joch der verhassten Japaner befreien, nämlich derselben Zeitzone. Um ein Uhr nachts wurden also alle Uhren des Landes auf 0:30 Uhr zurückgedreht, sodass man sich ab sofort nur noch eine halbe Stunde vor China und eine halbe Stunde hinter Japan und Südkorea befindet. Das Ereignis wurde mit viel Pathos (und Soju) gefeiert, sollte aber nicht lange währen: Nur drei Jahre später wurden die Uhren aus praktischen Gründen wieder auf die gemeinsame Zeitzone mit Südkorea angepasst.

Zum Besuch in der Pyongyang International Football School erscheinen wir jedenfalls pünktlich. Das hochmoderne, mit FIFA-Mitteln finanzierte Nachwuchsleistungszentrum liegt gleich neben dem Rungrado May Day Stadium und bietet rund 200 Mädchen und Jungen im Alter von 10 bis 14 Jahren Schulunterricht und tägliche Trainingseinheiten. Bei unserer Führung durch die

Klassenräume, Mensa und Mehrbettzimmer bekommen wir aber kein einziges Kind zu sehen. Es wirkt auf mich wie eine Besichtigung einer Musterwohnung. Alles blitzblank auf Vordermann gebracht, in den Zimmern keine persönlichen Gegenstände und eben menschenleer. Erneut zweifle ich und frage mich, ob das alles nur Fassade ist. Ich frage, wo denn die Schüler wären. Die simple Antwort darauf lautet „Draußen beim Training. Und da gehen wir jetzt hin." Auf den nagelneuen Kunstrasenplätzen herrscht viel Betrieb. Wir werden gezielt zu einem der Plätze geführt und dem Übungsleiter vorgestellt. Dieser scheint ein Schleifer der ganz alten Schule zu sein. Grimmiger Blick, herrschsüchtiger Ton. Einer, der keine Gnade kennt. Die Jungs, die er trainiert, wirken verängstigt und eingeschüchtert. Wie alt mögen sie sein? Vielleicht erst zwölf, vielleicht aber auch schon 14 oder 15 Jahre. Unsere lokale Führerin wechselt ein paar Worte mit ihm und fragt dann in unsere Runde, ob wir Interesse an einem kleinen „Länderspiel" hätten. Warum nicht? Wir wären bereit. Diese Option stand tatsächlich auch schon so im Reiseprogramm. Eine spontane Idee war es also nicht. Darauf, ob und wie so etwas klappt, haben wir wie bei allen anderen Punkten keinen Einfluss. Der Oberbefehlshaber richtet nochmals ein paar lautstarke, autoritär wirkende Worte an seine Mannschaft. Vor meinem geistigen Auge erscheinen Untertitel: „Voran! Mit der Kraft von Chollima werden wir siegen. Lasst euch von den ausländischen Teufeln nicht abkochen. Sonst geht's heute ohne Abendbrot ins Bett." Vielleicht waren es aber auch nur ein paar taktische Hinweise zur Aufstellung und meine Fantasie ging mal wieder mit mir durch. Um die Mittagszeit drückt die schwül-heiße Luft besonders und wir einigen uns auf ein Spiel von zweimal 15 Minuten. Damit würde unsere Truppe aus teils übergewichtigen, aber ambitionierten Sesselsportlern schon an seine Grenzen stoßen. Ich stelle mich ins Tor und bekomme unmittelbar nach Anpfiff einen harten Schuss in die Magengegend. Zumindest wird ein frühes Gegentor verhindert. Schon bald soll ich einen Ball nach dem anderen aus dem Netz holen. Die Kids spielen koreanisches Tiki-Taka vom Feinsten. Schnelles Kombinationsspiel, jeder Pass sitzt, kaum Ballverluste, sodass wir keine Chance haben, hinterherzukommen. Am Ende steht ein auch in

Mit der Band Laibach und Morten Traavik in Nordkorea.

der Höhe nicht unverdientes 7:1. Und erstmals ist Erleichterung in den jungen Gesichtern zu spüren. Kein Jubel und keine Freude, sondern einfach nur pure Erleichterung darüber, nicht versagt zu haben. Mir tun die Kinder leid. Sie mögen hier am Sportinternat zwar ein privilegiertes Leben führen, aber der harte Drill und die strikte Achtung auf äußerste Disziplin scheint ihnen kaum Spaß zu bereiten. Wir konnten mit unserem Auftritt wenigstens für etwas Abwechslung im Trainingsalltag sorgen. Abschließend wird auch noch das Geheimnis um die Altersgruppe gelüftet. „Zehn bis zwölf Jahre", so heißt es. Damit hatten wir es also mit einer U13-Auswahl zu tun. Ich hoffe insgeheim, dass dem ein oder anderen eines Tages der Sprung in die Nationalmannschaft gelingt. Erfahren werde ich das mit an Sicherheit grenzender Wahrscheinlichkeit nie.

Neben Stadionführungen im Yanggakdo- und im Sosan-Stadion stand auch schon der nächste Besuch im Erster-Mai-Stadion an. Wieder einmal ruft der Fackelpokal: Jangsubong gegen Rimyongsu. Zwei Vereine, zu denen ich mich erstmal schlau machen musste. Über Jangsubong lässt sich zumindest sagen, dass es sich um den Namen einer Region in der Gegend des Berges Chilbosan handelt. Sie spielen in rot. Rimyongsu hingegen ist die Mannschaft der Staatssicherheit und in Sariwon beheimatet, etwa 60 Kilometer südlich der Hauptstadt. Benannt sind sie nach einem Wasserfall in der Nähe des Paektusan, dem heiligen Berg der Koreaner, und treten heute in blau an. Die Stasi-Truppe lag bereits 0:3 in Rückstand, konnte das Spiel aber fast noch drehen und erzielte in der Nachspielzeit den schmeichelhaften Ausgleich zum 3:3. Da es sich um ein Spiel in der Gruppenphase des Pokalwettbewerbs handelte, gab es auch keine Verlängerung. Das Stadionerlebnis unterschied sich hinsichtlich des minimalen Zuschauerzuspruchs und nicht vorhandener Atmopshäre kaum von unserem vorherigen Pokalspiel. In Nordkorea gibt es eben nur *eine* „Fankultur", und die hat mit Fußball nichts zu tun. Was aber von den Akteuren auf dem Spielfeld geboten wurde, war umso ansehnlicher.

Die bevorzugte Behandlung, die einem als Besucher entgegengebracht wird, zeigt sich vor allem bei der kulinarischen Versorgung. Es wird aufgetischt, was das Zeug hält. Die gesamte Bandbreite der koreanischen Küche wird geboten: Reis- und Nudelgerichte, Feuertopf, Grillgerichte, Fisch und Meeresfrüchte, Suppen und Eintöpfe in vielen Variationen. Nie fehlen darf dabei Kimchi: mit viel Knoblauch und Chili eingelegtes Weißkraut. Koreanischer geht es nicht. Meist werden gleich Dutzende Schälchen unterschiedlichen Inhalts auf dem Tisch platziert, sodass man sich einfach herauspickt, was einem zusagt. Wer aus welchen Gründen auch immer die asiatische Küche verschmäht, muss mit „Western Food" vorlieb nehmen, was oft nicht mehr als ein misslungener Versuch wirkt, die europäische beziehungsweise amerikanische Esskultur zu interpretieren. In Pjöngjang besteht sogar die Möglichkeit, eine Pizzeria zu besuchen. Auch wenn das wenig mit dem italienischen Original zu tun hat, sind die Pizzen passabel. Aber da war ja noch die Sache mit dem Hundefleisch. In Nordkorea essen sie ja Hunde, oder? Und ja, das ist tatsächlich so. Keine Sorge, das wird dem Besucher nicht einfach so untergejubelt. Es gilt vielmehr als besondere Delikatesse, die vor allem an heißen Sommertagen für Kraft und Energie sorgen soll. Als Tourist hat man höchstens mal bei einem Besuch in Kaesong die Gelegenheit, für einen kleinen Aufpreis eine Schale Hundesuppe zu probieren. Das tat ich dann auch. Einfach um zu testen, ob ich mich überhaupt dazu überwinden kann, und um mitreden zu können. Ich war alles andere als begeistert. Das Fleisch an sich erinnerte etwas an Wild, die ölige Suppe fand ich ziemlich abstoßend. Aufgegessen habe ich natürlich nicht. Dabei sollte es nicht bleiben. Bei meinem zweiten Besuch vier Jahre später drängte mein Reisebegleiter darauf, einmal ein richtiges Dangogi-Lokal zu besuchen, was dann auch gelang. Während quer durchs Land die Schriftzeichen 단고기 vielerorts erkennen lassen, wo Dangogi (wörtlich „Süßfleisch") zu haben ist, sind nur wenige dieser Restaurants für Touristen zugänglich. Unsere Guides bringen uns also zur Top-Adresse eines dementsprechenden Lokals in Pjöngjang. Die bebilderte Speisekarte mit zweisprachigen Beschreibungen auf Koreanisch und Englisch allein lässt mich schon erschaudern: Rippchen oder Geschnetzteltes lasse ich mir ja noch eingehen, aber bei Hirn (mit oder ohne Kopf), Pfoten, Penis und Hoden dreht sich mir der Magen um. Ich begnüge mich mit Reis und den vegetarischen Beilagen und nehme erleichtert zur Kenntnis, dass man zu Süßfleisch traditionell Schnaps trinkt. Den brauche ich jetzt nämlich. Es ist schon verwunderlich, wie sehr uns unsere Erziehung vor manchen Dingen ekeln und andere als selbstverständlich ansehen lässt.

Neben einigen Standardzielen in der Hauptstadt und einem Ausflug an die Grenze in der demilitarisierten Zone besuchen wir quer durchs Land noch einige andere Orte von Interesse. Es geht unter anderem nach Nampo, Sariwon, Haeju, Kaesong und Wonsan. Im Myohyang-Gebirge besuchen wir die Internationale Freundschaftsausstellung, informell auch als Geschenkemuseum bekannt: zwei gigantische Gebäudekomplexe, die nichts anderes als Gastgeschenke an die politische Führung beherbergen. Von einer Iljuschin-14 über gepanzerte Eisenbahnwaggons und Staatskarossen bis hin zu riesigen Vasen aus China, Bärenfellen, vergoldeten Schusswaffen und einem nicht unbeträchtlichen Anteil

Trainingsspiel in der Fußballschule neben dem Erster-Mai-Stadion.

an Geschmacklosigkeiten aus Elfenbein und Krokodilleder. Alles fein säuberlich nach Ländern geordnet. In der Abteilung Deutschland lassen sich unter anderem ein Teeservice aus Meißner Porzellan von Erich Honecker und eine Schreibmaschine von Otto Grotewohl bewundern. Madelaine Albright wiederum steuerte einen von Michael Jordan signierten Basketball bei. Am Museum der amerikanischen Greueltaten hingegen stehen wir vor verschlossenen Türen, da es zuletzt aufgrund der vorsichtigen Annäherung und dem Gipfeltreffen mit Trump zumindest für ausländische Besucher vorübergehend nicht zugänglich ist. Im Skigebiet Masikryong wird extra für uns beide der Sessellift angeschmissen, um auch im Sommer auf den Gipfel kommen zu können und im eigens für uns geöffneten Restaurant eine kleine Pause einzulegen. Bei der Rückfahrt nach Pjöngjang wird unser Minibus kurz vor Erreichen der Stadt einer gründlichen Wäsche unterzogen, denn verschmutzte Fahrzeuge werden an der Stadtgrenze abgewiesen. Und hat man das Glück, einmal im noblen Taedonggang Seafood Restaurant speisen zu dürfen, sollte man darauf achten, in der Lobby nicht in das große Fischbecken vom Ausmaß eines

Hallenbades zu stolpern. In manch anderen Restaurants befinden sich an den Tischen Druckknöpfe mit der Aufschrift „Beer", die den Prozess des Nachbestellens wesentlich beschleunigen. Darüber könnte man bei uns ja auch mal nachdenken. Verrückte Geschichten gäbe es noch zuhauf zu erzählen.

Einmal aber soll es noch in das Stadion des Ersten Mai gehen. Diesmal nicht zum Fußball, sondern zur größten Show der Welt. Das ursprünglich als Arirang Festival bekannt gewordene Spektakel wurde nach einer fünfjährigen Pause unter der neuen Bezeichnung „Glorreiches Vaterland" wieder ins Leben gerufen. In mehreren Akten führen 100.000 Mitwirkende den Betrachter mittels gigantischer Choreographien, Massentänzen, Akrobatikeinlagen und Aufmärschen durch die Geschichte der Gesellschaft Nordkoreas. Eine wahrlich beeindruckende Darbietung, die jede bisherige Eröffnungsfeier der Olympischen Spiele wie einen Kindergeburtstag erscheinen lässt. Oft weiß man gar nicht, wo man zuerst hinschauen soll, damit einem nichts entgeht. Dabei noch Fotografieren oder Filmen kann fast in Stress ausarten.

Für die Ausreise wählte ich die Bahnfahrt nach Dandong/China, unmittelbar auf der anderen Seite des Grenzflusses Yalu. Am Pjöngjanger Hauptbahnhof verabschieden sich unsere Guides von uns, und von nun an sind wir auf der etwa fünfstündigen Fahrt in Richtung Norden erstmals in diesem Land ganz auf uns alleine gestellt. Beim Blick aus dem Fenster lassen sich viele weitere Eindrücke vom Leben auf dem Land abseits der touristischen Pfade gewinnen. An den Bahnhöfen, an denen wir unterwegs Halt machen, erspähen wir lokale Züge. Eine Reise darin wird uns bis auf weiteres vorenthalten bleiben. Das wäre dann das richtige Abenteuer. Auch ohne Aufpasser käme wohl nur ein Vollidiot auf die Idee, hier heimlich umzusteigen. Unser Abteil teilen wir mit einem Chinesen und einem Nordkoreaner. Beide haben viel Gepäck bei sich und nennen sich Händler. Mit was sie handeln, bleibt aufgrund der Sprachbarriere im Verborgenen. Bei der Grenzkontrolle werden sie vom nordkoreanischen Beamten per Handschlag begrüßt und in Ruhe gelassen, während wir unsere Taschen öffnen müssen und die Fotos auf unseren Kameras stichprobenartig geprüft werden. Keine Beanstandungen. Die gesamte Prozedur beiderseits der Grenze zieht sich insgesamt drei Stunden hin. Erst dann können wir auf der chinesischen Seite den Zug verlassen. Plötzlich erfasst mich ein Gefühl der grenzenlosen Freiheit. Und das paradoxerweise im Überwachungsstaat der Volksrepublik China! Ich darf mich wieder frei bewegen, kann selbst entscheiden, wann ich wo etwas esse oder wohin ich gehe. Dank WLAN bin ich wieder mit dem Rest der Welt in Verbindung – wenn auch mit VPN etwas getrickst werden muss, da viele Apps und Websites blockiert werden.

Ich war also in Nordkorea und bin auch wieder rausgekommen. Mit mehr Fragen als Antworten. Es bewegt mich vor allem die Frage danach, was die Menschen vor Ort wirklich wissen, denken oder ahnen. Zugriff auf Informationen von außen haben nur sehr wenige. Die Guides in ihrer privilegierten Position und im ständigen Austausch mit Besuchern verfügen zweifelsohne über einen anderen Kenntnisstand als der Durchschnittsbürger. Als Touristen kommen wir nur mit jenen in Kontakt, die darauf geschult sind. Manchmal wünsche ich mir, ich würde die koreanische Sprache beherrschen. Dann könnte ich heimlich lauschen, über was geredet wird. Mehr als ein kurzer Blickkontakt oder ein zaghaftes Lächeln ist meist nicht drin. Es gab aber auch Situationen, in denen Passanten ganz klar den Kopf wegdrehten oder uns offensichtlich aus dem Weg gingen, sobald wir bemerkt wurden. Das zu deuten, bleibt jedem selbst überlassen. Es mag an der zurückhaltenden Mentalität der Koreaner liegen oder schlichtweg an einer gewissen Einschüchterung. Und damit sind wir wieder am Anfang: Viele Fragen, die ich mir stellte, bleiben unbeantwortet.

Gabun

Mit der Festlegung der Gastgeberländer der alle zwei Jahre ausgetragenen Afrikameisterschaften ist es ja immer so eine Sache. 2013 beispielsweise wäre Libyen an der Reihe gewesen. Da das Land (damals wie heute) zunehmend im Chaos versinkt und eine Ausrichtung nicht in Frage kam, tauschte man die Gastgeberrolle kurzerhand mit Südafrika, welches erst für 2017 vorgesehen war. Aus Furcht vor Ausbreitung von Ebola verweigerte Marokko 2015 sehr kurzfristig die Ausrichtung (und wurde vom Kontinentalverband CAF mit einer Sperre belegt, die bald wieder aufgehoben wurde). Mit Äquatorialguinea war schnell Ersatz gefunden. Schließlich fungierte der Kleinstaat erst 2012 als gemeinsamer Gastgeber mit dem benachbarten Gabun. Stadien und Infrastruktur waren vorhanden. Nebenbei sei noch bemerkt, dass das Turnier bis einschließlich 2012 in den geraden Jahren stattfand; seit 2013 aber in den ungeraden ausgetragen wird. 2017 wäre Libyen theoretisch wieder am Zug gewesen, was aufgrund der anhaltend schwierigen Situation im Lande ausgeschlossen wurde. Der Kontinentalverband CAF benannte mit Gabun den zweiten Co-Gastgeber von 2012 erneut als Ausrichternation. Auch diese Festlegung wackelte bis zuletzt. Nach den Präsidentschaftswahlen Ende August 2016 kam es landesweit zu Unruhen, die einige Todesopfer forderten. Der amitierende Machthaber Ali Bongo Ondimba ging erneut als Sieger aus diesen Wahlen hervor, wobei die Richtigkeit des Wahlergebnisses sowohl von der Opposition als auch von internationalen Beobachtern stark angezweifelt wurde. Präsident Ali Bongo ist immer noch im Amt, und der für Januar 2017 angesetzte Afrika-Cup kam ihm als Prestigeobjekt sehr entgegen. Die pan-afrikanische Presse munkelte bereits über eine etwaige Verlegung des Turniers aufgrund der schwierigen Sicherheitslage. Ausgerechnet das gerade wieder begnadigte Marokko wurde als favorisierte Ersatzoption gehandelt.

Bekanntermaßen fand das Turnier in Gabun vom 14. Januar bis 5. Februar 2017 tatsächlich statt. Neben Libreville und Franceville, wo die Stadien von 2012 genutzt werden konnten, kamen mit Port-Gentil und Oyem zwei neue Austragungsorte hinzu. In beiden wurden moderne Stadien mit einer Kapazität von jeweils 20.000 Plätzen errichtet – und zwar durch chinesische Vertragspartner. Ursprünglich stand noch ein fünftes Stadion auf dem Zettel, eines in der Hauptstadt Libreville, das ganz ohne chinesische Unterstützung entstehen sollte. Und genau darin liegt der Fehler. Quasi eine Herzensangelegenheit des alten wie neuen Präsidenten, der sich damit ein Denkmal setzen wollte. Die Umbauarbeiten des nach seinem Vater und langjährigem Machthaber Omar Bongo Ondimba benannten alten Nationalstadions begannen bereits im Jahr 2010 in Hinsicht auf die Gastgeberrolle 2012. Aus dem Vorhaben wurde nichts, aber jetzt bekam man plötzlich eine zweite Chance. Was im zweiten Anlauf schief gelaufen ist, vermag ich nicht zu beurteilen. Fehlerhafte Planung, mangelhafte Koordination und korrupte Finanzierung mögen mitgewirkt haben. Im Oktober 2016 stand fest: Das Prestigeobjekt wird nicht fertig und hier wird in absehbarer Zeit kein Spiel stattfinden. Was aus der riesigen Bauruine im Stadtzentrum (geplante Kapazität 40.000 Sitzplätze) wird, weiß momentan niemand.

Gabun ist an sich ein wohlhabendes Land, reich an Rohstoffen wie Erdöl, Mangan und Tropenhölzern. Wie so oft profitiert nur eine sehr kleine Elite von diesem Reichtum, während der Großteil der Bevölkerung ein eher bescheidenes Dasein fristet. So verwundert es auch nicht, dass viele Menschen die Ausgaben in Millionenhöhe, die so ein Turnier mit sich bringt, nicht nachvollziehen können oder gutheißen. Die Stimmung im Land war sehr gemischt, die Begeisterung für den Fußball war aber zu spüren. Gabun war im Vergleich zu anderen afrikanischen Staaten (trotz des gerade bei Borussia Dortmund Furore machenden Pierre-Emerick Aubemeyang) keine große Fußballnation, aber die Gelegenheit, sich mit den Großen des Kontinents messen zu können, steckte auch die Leute in den Straßen Librevilles an. Hinzu kommt, dass viele der nur 1,8 Millionen Einwohner Gabuns Migranten aus west- und zentralafrikanischen Ländern sind – unter anderem aus einigen der Teilnehmernationen. Das trug positiv zur allgemeinen Stimmung bei und sorgte dafür, dass nicht nur Spiele der Gastgebermannschaft besucht wurden – wenn auch leider immer viele Plätze frei blieben.

Wo es sonst für mich als Fremden nicht unbedingt erkennbar ist, woher genau ein Afrikaner stammt, war es plötzlich ein Leichtes, wenn beispielsweise eine Imbissbude mit senegalesischen Flaggen geschmückt war oder am Rückspiegel des Taxis ein kamerunischer Wimpel baumelte. Viele trugen auch einfach nur das Trikot ihres Herkunftslandes. So kam man gleich ins Gespräch. Einmal mehr: Fußball verbindet. In Afrika vielleicht noch mehr als anderswo. Feindseligkeiten zwischen den einzelnen Nationalitäten bleiben die Ausnahme. Es kann schon mal laut werden, ob es nun um Fußball geht oder irgendein anderes Thema. Es wird dabei mitunter wild gestikuliert und das Gegenüber regelrecht aufgezogen – alles aber meist friedlich und mit einer ordentlichen Portion Humor. Einfach erfrischend anders.

Ein bekanntes Phänomen bei Afrikameisterschaften ist die Tatsache, dass Spiele ohne Beteiligung der Gastgebernation nur schlecht besucht sind. Das war in Gabun nicht anders, wenn auch die teilnehmenden Teams mit einem mehr oder weniger großen Kontingent an Fans aufwarteten: Allen voran wussten die Anhänger Kameruns, Senegals und Malis mit ihrem Support zu überzeugen. Guinea-Bissau stellte mit nur rund 15 Leuten, bestehend aus Familienangehörigen, Betreuern und ein paar Journalisten, das mit Abstand kleinste Gefolge.

Die Infrastruktur stellt eine weitere Herausforderung dar: Einer der Spielorte – Port-Gentil (etwa 150 km Luftlinie südlich der Hauptstadt an der Küste gelegen) – ist nicht auf dem Landweg zu erreichen. Als Alternative zum unregelmäßigen Fährbetrieb bleibt das Flugzeug, wobei die Tarife hoch und die Sicherheitsstandards niedrig sind. Franceville im tiefen Südosten des Landes ist hingegen mit Gabuns einziger Eisenbahnlinie an die Hauptstadtregion angebunden. Eine Fahrt dauert 12 bis 18 Stunden und ist eine sehr angenehme, wenn auch zeitintensive Art, zu reisen. Zeitig nach Oyem zu kommen, ist wiederum noch aufwendiger. Wenn man sich nicht unbedingt einen Flug leisten möchte oder kann, bleibt nur das Buschtaxi (ein Sammelbegriff für quasi jedes Fortbewegungsmittel, das gegen Entgelt Fahrgäste mitnimmt). Neben viel Gottvertrauen in den Fahrer sollte man bei Abfahrt- und Fahrzeit viel Geduld mitbringen. Relativ weit außerhalb Oyems gibt es auch einen Flughafen, der aber nur ab und zu angeflogen wird. Für den raschen Transport einiger VIPs und einer

Handvoll Journalisten von Franceville nach Oyem wurde seitens des Organisationskomittees kurzerhand eine libanesische Verkehrsmaschine gechartert, die sich allerdings als zu groß für die viel zu kurze Landebahn herausstellte. So leitete man den Flug ins benachbarte Äquatorialguinea um, von wo aus die feine Gesellschaft per Transporthubschrauber zurück über die Grenze nach Oyem geflogen wurde.

Klingt alles ziemlich chaotisch? Ja, das kann man so stehen lassen. Darüberhinaus wird Afrika hierzulande oft auf Kriege, Korruption, Hungersnöte und Krankheiten reduziert. Auch das findet man bestätigt, wenn man den Kontinent als Ganzes betrachtet. Aber vor Ort findet sich auch ein ganz anderes Afrika: eines der Gastfreundschaft, Zuversicht und Gelassenheit. Und um diese Seite Afrikas kennenzulernen, bleibt einem nichts anders übrig, als sich selbst ein Bild zu machen. Das ist sicherlich nicht Jedermanns Sache: Die Hitze und hohe Luftfeuchtigkeit allein setzen einem schon zu. Vieles ist unzuverlässig, funktioniert nicht, oder ist enorm kompliziert, was für den Reisenden sehr frustrierend sein kann. Aber irgendwie wird dann alles wieder passend gemacht. Mit Spontanität und Improvisationskunst weiß man sich zu helfen, und man kommt irgendwann von A nach B. Ob der Motor des Buschtaxis mal wieder auf offener Strecke versagt oder wenn in der Bretterbude das Bier ausgeht und sich der Wirt mit dem Moped auf den Weg macht, um noch schnell zwei Kisten Nachschub für die durstigen Kehlen heranzuschaffen.

Meine Planungen für den Besuch Gabuns nahmen etwa ein halbes Jahr im Voraus ihren Anfang. Das ganze Projekt stand bis zuletzt auf der Kippe. Als endgültig sicher war, dass der Afrika-Cup in Gabun tatsächlich stattfindet und ich dorthin reisen würde, waren mittlerweile die Flugpreise sogar gesunken. Also fix gebucht und online das elektronische Visum beantragt. Einerseits ist das sehr bequem, wenn man nicht persönlich bei der Botschaft antanzen oder seinen Reisepass der Deutschen Post anvertrauen muss, andererseits kann einem die Einreisebewilligung ohne jegliche Begründung verweigert werden. Mein fest eingeplanter Reisepartner weiß seitdem ein Lied davon zu singen. Während ich nach drei Tagen eine positive Bestätigung in der Inbox hatte,

Beeindruckender Support der Senegalesen in Franceville.

wurde sein Antrag gleich zweimal abgelehnt. Warum, werden wir wohl nie herausfinden. Sehr ärgerlich.

Fortan musste ich den Trip also alleine planen. Hotels in Libreville sind wie in vielen afrikanischen Städten erdölfördernder Länder überzogen teuer. Auf der Suche nach einer Privatunterkunft über entsprechende Portale wurde ich schnell fündig. Genauer gesagt machte ich eine komplette Wohnung mit allem Drum und Dran ausfindig (Ausnahme: das beworbene, aber nicht vorhandene WLAN). Da mein damaliger Mobilfunkanbieter kein Roaming-Abkommen mit einem lokalen Anbieter hatte, war ich so richtig offline. Fast wie früher. Die gebuchte Unterkunft musste ich freilich erst mal finden. In vielen Ecken Afrikas gibt es keine Straßennamen oder Hausnummern. Man orientiert sich an wichtigen Kreuzungen, bedeutenden Bauwerken oder sonstigen Einrichtungen. Um zielsicher zur Herberge zu finden, gab mir der Vermieter eine Wegbeschreibung mit. Die las sich in etwa so: „Vom Flughafen raus auf die Hauptstraße nach Osten. Am Kreisverkehr von Ambowe zweite Ausfahrt nehmen und an den Bretterbuden vorbei. Rechter Hand befindet sich ein schlecht beleuchtetes Hotel. Das ist es noch nicht. An der Gabelung rechts halten und auf die Schlaglochpiste einbiegen. Etwa 500 Meter weiterfahren und dann kurz vor den blauen Mülltonnen links einbiegen. Es ist das letzte Haus rechts in dieser Sackgasse". Also kaum zu verfehlen. Mit Hilfe von Online-Karten konnte ich den tatsächlichen Standort ganz grob bestimmen, wenn auch nicht alle beschriebenen Straßen den Weg auf die Karte gefunden hatten. So richtig wohl war mir bei der Sache nicht. Ich löcherte meinen Gastgeber mit weiteren Fragen, bis es diesem irgendwann zu bunt wurde und er versprach, seinen Neffen zum Flughafen zu schicken, um mich abzuholen. Das klappte auch. Unterwegs an der Tanke noch mit ein paar Dosen der lokalen Biermarke Régab und einem schmierigen Hamburger eingedeckt und kurz darauf die wahrlich luxoriöse Unterkunft bezogen. Eine Eintrittskarte für das Eröffnungsspiel lag wie gewünscht auf dem Couchtisch bereit. So gefällt mir das.

Am nächsten Morgen machte ich mich dann mit dem ÖPNV vertraut. Zunächst einmal gibt es keine regulären Bus- oder Bahnverbindungen in Libreville. Wenn man kein eigenes Fahrzeug hat, bleibt das Taxi beziehungsweise Sammeltaxi – in der Regel nicht voneinander zu unterscheiden, da es sich dabei um ein und denselben Wagen handeln kann, den man entweder alleine nutzt oder sich eben mit anderen teilt. Entweder man begibt sich zu einem der neuralgischen Knotenpunkte, wo diese vermehrt anzutreffen sind – oder man versucht sein Glück am Straßenrand, um eines heranzuwinken. Dabei gilt es, dem Fahrer das Fahrziel und einen Preisvorschlag zuzurufen. Zeigt sich dieser damit einverstanden, wird er halten und einen zusteigen lassen. Falls nicht, dampft er einfach weiter. Mit einem Zwischenstopp im Zentrum und einmal umsteigen erreichte ich schließlich das Stadion in Angondjé am nördlichen Rand der Metropole. Es blieb noch reichlich Zeit, um in einem nahegelegenen Café im Schatten ein paar Kaltgetränke zu konsumieren und sich mit dem angereisten Hoppervolk auszutauschen. Der Auflauf dieser Spezies hielt sich in Grenzen, da ja wohl jeder, der was auf sich hält, diesen Ground schon zum Afrika-Cup 2012 gekreuzt haben dürfte, als Gabun zusammen mit Äquatorialguinea Co-Ausrichter war.

14. Januar 2017 / Stade d'Angondjé, Libreville
Gabun – Guinea-Bissau 1:1 / 39.230 Zuschauer
Burkina Faso – Kamerun 1:1 / 15.000 Zuschauer

Zur Eröffnungsfeier erwartete uns das übliche Tam-Tam. Ein bisschen farbenfrohes Herumgeturne auf dem Spielfeld, einige lokal bedeutende Popstars auf der Bühne, sowie ein paar warme Worte des Staatspräsidenten und des Verbandspräsidenten. Die Einlasskontrollen waren überraschend streng, und das Einzige, was gut durchorganisiert war: Neben den üblichen Gefahrgütern war in Gabun auch die Mitnahme von Zigaretten und Feuerzeugen untersagt. Selbst kleine Digitalkameras wurden beanstandet (nach etwas Hick-Hack bekam ich meine aber doch mit rein). Von einigen Pressevertreten erfuhr ich, dass ihnen die Kugelschreiber abgenommen worden waren. Und schließlich sollte dann auch noch Fußball gespielt werden. Spätestens zum ersten Spiel des Gastgebers war die notwendige Begeisterung da, die so ein Turnier verdient. Ich war erstmal froh, einen schattigen Platz auf der Tribüne ergattert zu haben. Vor allem in den ersten Tagen schlauchen Hitze und Luftfeuchtigkeit ungemein. Als der Zwergstaat Guinea-Bissau dem selbsternannten Mitfavoriten in einem eher trägen Spiel ein Unentschieden abtrotzte, war es mit der Zuversicht vieler Gabuner schon wieder dahin. Mehr als die Hälfte der Besucher verließ das Stadion nach dem ersten Spiel des Tages – und das, obwohl mit Burkina Faso und Kamerun noch zwei Schwergewichte des afrikanischen Fußballs in der zweiten Partie des Abends antreten sollten. Allein in sportlicher Hinsicht die viel interessantere Partie. Auch was den Support angeht, war es alles andere als enttäuschend. Auf den Rängen wurde von den Anhängern beider Nationen viel gesungen und getrommelt. Auch in dieser Partie trennte man sich 1:1. Rundum ein gelungener und zugleich entspannter Einstieg ins diesjährige Turnier. Im Anschluss traf man sich einfachheitshalber nochmal im selben Café, das schon am Nachmittag besucht wurde. Darunter neben der Vertretung aus Nürnberg auch eine Abordnung der Gefolgschaft von Sankt Pauli, mit denen ich mich zwei Tage später auf den Weg nach Port-Gentil machen sollte.

Es folgte ein Tag des Müßiggangs in Libreville: Herumspazieren über den großen Markt und sogenanntes Sightseeing am Boulevard Triomphal, wo mehr oder weniger alle bedeutenden Bauwerke stehen, man aber nicht fotografieren darf, worauf die Wachposten auch penibel achten. Größeren Ärger gab es glücklicherweise keinen, auch wenn ich mir die eine oder andere Ermahnung anhören musste. Am Fährhafen kam ich auch vorbei und erkundigte mich über die aktuellen Abfahrzeiten der Fähren nach Port-Gentil (der Ort, der über den Landweg nicht zu erreichen ist), und konnte sogleich mein Ticket für die Abfahrt am nächsten Morgen lösen.

17. Januar 2017 / Stade de Port-Gentil
Ghana – Uganda 1:0 / 10.000 Zuschauer
Mali – Ägypten 0:0 / 12.600 Zuschauer

Am frühen Morgen am Hafen angekommen, erspähte ich auch gleich die beiden Hamburger, die sich für dieselbe Überfahrt entschieden hatten (Alternativen gab es nicht, da die beiden Fährgesellschaften einmal täglich verkehren – es sei denn, die unruhige See führte zur Stornierung der Fahrt). Einige Fischer boten ihren frischen Fang an (nicht wirklich praktikabel, wenn man ohne Kühltasche und Kochmöglichkeit unterwegs ist), und fliegende Händler versuchten, Handyschutzhüllen oder irgendwelchen Ramsch an den Mann zu bringen. Gegenüber gab es die Möglichkeit, einen Kaffee zu sich zu nehmen und sich mit belegten Baguettes einzudecken. Mit einer nicht nennenswerten Verspätung von 90 Minuten machten wir uns auf die vierstündige Reise.

In Port-Gentil stand die Ticketbesorgung ganz oben auf der To-do-Liste. Auf den zahlreichen in der Stadt angebrachten Afrika-Cup-Plakaten wurden auch die beiden Vorverkaufsstellen aufgeführt: das Finanzamt und das Krankenhaus. Doch beide vermeldeten „ausverkauft“. Es gab lediglich Karten für die anderen Spieltage, aber nicht für den morgigen Spieltag. Mit dem Ausfindigmachen und Ansteuern der beiden Locations war der Tag rasch rumgebracht. Nun gut, dann eben am Spieltag direkt am Stadion. Das sollte wohl kein Problem sein. Wir bezogen unser neues Quartier. Und Bretterbuden, die sowohl eine Live-Übertragung der heutigen Spiele sowie gekühltes Flaschenbier boten, wurden auch gleich ausfindig gemacht. Endlich Feierabend. Port-Gentil wirkt wie ein großes Dorf. Wenn man so durch die meist nicht asphaltierten Straßen wandert, ahnt man nicht, dass hier gerade ein internationales Fußballturnier stattfinden soll.

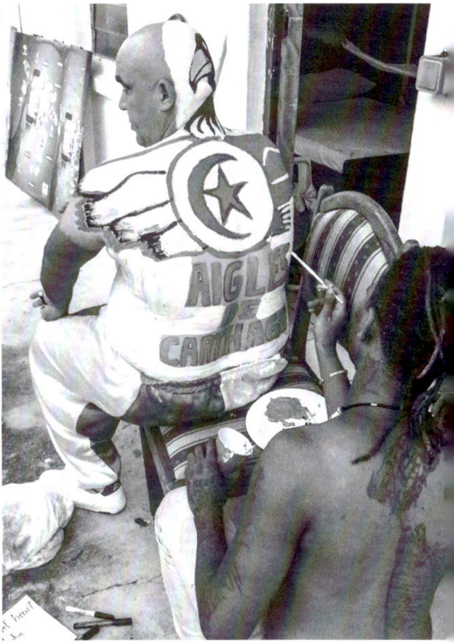

Mein Zimmernachbar in Libreville lässt sich fürs Spiel noch hübsch machen.

Dass man heutzutage eine moderne, neue Arena mindestens zehn Kilometer außerhalb der Stadt hinzustellen hat, hat sich auch in Afrika rumgesprochen. Und so ist man auch in Port-Gentil vorgegangen, wo das 20.000er-Sitzplatzstadion ganz weit draußen liegt. Dass die dorthin führende, ebenso moderne, neue Straße am Spieltag für den Straßenverkehr gesperrt wird, bleibt ein Geheimnis, das sich wohl irgendwie mit „Sicherheitsgründen“ erklären lässt. Da wir mit ausreichend Puffer frühzeitig aufgebrochen waren, konnten wir per Taxi bis knapp einen halben Kilometer vors Stadion fahren, bevor die Straße gesperrt wurde. (Spätabends schlossen wir uns dann gezwungenermaßen den tausenden Stadionbesuchern an, die sich im Rahmen einer Völkerwanderung zurück in Richtung Stadt begaben. Doch dazu später).

Die schlechte Nachricht zuerst: Alle Kartenschalter waren geschlossen. Die Aussagen reichten von „Am Spieltag werden keine

Tickets verkauft“ über „Ausverkauft“ bis hin zu „Ich finde gleich was für euch“. Die gute Nachricht: Trotz der abgeschiedenen Lage des Stadions im Niemandsland hatte sich schon eine Handvoll Versorgungsstände und Buden angesiedelt, wo es sich prima aushalten ließ. Das eine Etablissement hatte gleich so richtig ausgeschissen, als uns fürs Bier die doppelten orstüblichen Preise berechnet wurden. Nach kurzer, aber lautstarker Pöbelei zogen wir weiter zu einem Konkurrenzbetrieb, wo es nicht nur angenehmer war, sondern auch noch schmackhaftes Hühnchen mit Reis zu fairen Preisen gab. Da wir uns offensichtlich im ugandischen Pressezentrum eingefunden hatten, wurden wir beim Essen gefilmt und ausgefragt. Nur Tickets hatten wir immer noch keine.

Mittlerweile wurden einige Mittelsmänner beauftragt, sich umzusehen. Mit einem Vertreter der Tourismusbehörde im weißen Anzug und mit Plastik-ID-Karte am Hals baumelnd, der fleißig seine Kontaktleute antelefonierte, lief ich ein paar Mal die Straße auf und ab. Alles vergebens. Die Sonne brannte gnadenlos und jede Minute außerhalb des Bretterverschlags kostete mich wertvolle Energie und machte noch durstiger. Bis dann wie aus dem Nichts plötzlich einer auftauchte, der seine Freikarten loswerden wollte. Freilich nicht geschenkt, aber das war auch schon egal. Der Gegenwert von acht Euro für die Haupttribüne, was dem regulären Preis entsprach, war völlig in Ordnung.

Natürlich war das Stadion nicht ausverkauft. Im Gegenteil: Es war nur gut zur Hälfte gefüllt. Ich kann nur vermuten, dass viele Tickets erst gar nicht in den Verkauf gingen und stattdessen in irgendwelchen Schubladen schlummerten. Jedenfalls waren wir drin und endlich rollte der Ball. Die Black Stars aus Ghana taten sich gegen die unerfahrene Truppe aus Uganda überraschend schwer und kamen nur zu einem knappen 1:0-Sieg. Zur zweiten Partie des Abends zwischen den Top-Teams aus Mali und Ägypten strömten noch ein paar mehr Zuschauer ins Stadion; vor allem diejenigen, die zu Mali hielten und sich nicht beide Spiele antun wollten. Deren lautstarke Unterstützung war schon den Besuch wert. In einer ausgeglichenen Partie trennte man sich letztlich torlos.

Hatte die Ticketbesorgung nicht schon genug Nerven gekostet, mussten wir nach Verlassen des Stadiongeländes feststellen, dass die Straße in die Stadt immer noch gesperrt war. Nur Fahrzeuge mit VIP-Parkausweis wurden durchgelassen. Mehr als 10.000 Besucher machten sich zu Fuß auf die zehn Kilometer zurück nach Port-Gentil. Mitfahrgelegenheiten ergaben sich nicht: Entweder passierten uns überladene Pick-Ups mit gut 20 bis 30 Leuten auf der Ladefläche oder die VIPs in ihren Limousinen und Geländewagen, oft nur mit zwei bis drei Leuten besetzt, die Anhalter wie uns keinesfalls mitnehmen würden. Nach gut einer Stunde Fußmarsch erreichten wir einen Kaufladen und gönnten uns eine Erfrischung. Wenige hundert Meter weiter fanden wir ein Sammeltaxi, das uns von der wieder freigegebenen Straße zu unserem Domizil brachte. Was für ein Tagesausflug zu einem Spiel in derselben Stadt!

Alle Wege führen bekanntlich nach Libreville – zumindest in Gabun. Und so ging es mit der Fähre zurück in die Hauptstadt. Wir buchten Tickets für die Überfahrt um 17 Uhr am darauffolgenden Tag. Damit bliebe noch genug Zeit, auszuschlafen, Mittag zu essen und Proviant für unterwegs zu besorgen. Allerdings wurde die Abfahrt kurzerhand auf 5 Uhr morgens vorverlegt, was uns mal wieder einen Strich durch die Rechnung machte. Nach ein paar Stunden Schlaf um drei Uhr morgens raus, auf den Weg zum Hafen, der nicht gleich um die Ecke lag. Entsprechend gerädert verlief der restliche Tag in der Hauptstadt.

Nächstes Ziel sollte Franceville im tiefen Südosten des Landes sein. Dorthin verkehrt die einzige Eisenbahnlinie des Landes. Einmal täglich außer samstags. Aber erstmal sehen, wie das mit dem Erwerb der Fahrkarten abläuft. Der Bahnhof Owendo liegt gut zehn Kilometer außerhalb der Stadt; praktischerweise sollte es auch eine Verkaufsstelle im Stadtzentrum geben. Unserem Chauffeur klarzumachen, dass wir genau dort hinwollten und eben nicht zum Bahnhof, war ein Ding der Unmöglichkeit. Er bestand darauf, uns zum Bahnhof zu bringen und schlug diese Richtung ein – womöglich, weil auf dieser längeren Route ein für ihn vorteilhafterer Fahrpreis zustandekäme. Wir mussten ihn zum Anhalten zwingen und verließen den Wagen, ohne zu bezahlen. Von der gegenüberliegenden Straßenseite ging es zurück zum anvisierten Ziel.

Und dann geschah etwas völlig Unerwartetes, was uns selbst Stunden später noch in Staunen versetzte: Die Effizienz des Fahrkartenbüros der gabunischen Eisenbahn. Keine Ironie. In kürzerer Zeit, die ein Tourist in Berlin benötigt, um sich am Automaten eine BVG-Tageskarte zu kaufen, waren unsere Tickets nach Franceville und zurück ausgestellt, inklusive Sitzplatzreservierung in der 1. Klasse. Wären wir von der nächtlichen Fährfahrt nicht so erschöpft gewesen, hätten wir das wohl gleich bei einer Runde Régab gefeiert. Stattdessen gönnten wir uns ein französisches Frühstück im schicken Café gegenüber. Funktionierendes WLAN und ordentliche sanitäre Einrichtungen rundeten das zu einem geradezu luxuriösen Vormittag ab.

22. Januar 2017 / Stade de Franceville / Guinea-Bissau – Burkina Faso 0:2 / 4.000 Zuschauer

Ich trennte mich von meinen Reisebegleitern und begab mich zwei Tage früher auf die nächtliche Zugfahrt nach Libreville. Sicherheitshalber traf ich schon ein paar Stunden vor Abfahrt am Bahnhof von Owendo ein. Man weiß ja nie. Alles lief reibungslos ab. Ein dreifach Hoch auf die gabunische Eisenbahn! Unweit des Bahnhofsgebäudes befindet sich eine Art Kneipenmeile, wo sich die Fahrgäste auf die lange Fahrt einstimmen. Auch an Essensständen mangelt es nicht, sodass jeder gut gelaunt an Bord gehen kann. Die Bahngesellschaft verfügt über insgesamt zwei Züge: Zum einen das ziemlich abgeranzte, verspätungsanfällige französische SNCF-Modell aus den Achtzigerjahren, mit dem ich die Hinfahrt absolvieren sollte. Zum anderen einen modernen Zug südkoreanischer Bauart von 2011, der mich auf der Rückfahrt sogar pünktlich ans Ziel brachte. Liege- oder Schlafwagen gibt es in beiden nicht, aber die Sitze in der 1. Klasse sind gut genug, um etwas schlafen zu können. Der Nachteil einer nächtlichen Zugfahrt ist, dass man nichts von der Landschaft mitbekommt, die man durchfährt. Dank knapp sechsstündiger Verspätung auf der Hinfahrt und Ankunft gegen 13 Uhr kam ich noch voll auf meine Kosten und ausreichend tropischen Regenwald zu sehen.

Franceville ist ein angenehmes Städtchen, das sich großzügig auf mehrere Hügel und Täler ausdehnt. Das Stadion liegt direkt neben dem Bahnhof, beides aber weit ab vom Schuss, einige Kilometer vom quirligen Markt- und Kneipenviertel Potos entfernt, welches quasi das Zentrum darstellt. Und genau dort habe ich mich niedergelassen. Zufälligerweise im selben Hotel am Fluss, das auch der Betreuerstab und die Pressevertreter von Guinea-Bissau gewählt hatten. So kam man ins Gespräch, trank gemeinsam einige Biere und freundete sich an. Letztendlich mit dem Ergebnis, dass man mir eine Freikarte der 1. Kategorie überreichte, mir die Mitfahrt im Mannschaftsbus anbot und mich für einen Radiosender in der fernen Heimat interviewte. Schöne Sache, und mal wieder so ein Abend der vielen Anekdoten.

Und dabei hatte ich mir bereits ein Ticket fürs Spiel besorgt. Ganz anders als zuvor in Port-Gentil hatte man den Vorverkauf in Franceville ganz gut organisiert. Am zentralen Kreisverkehr von Potos wurden ein Campingtisch, ein paar Plastikstühle, ein Sonnenschirm und darum herum ein Absperrgitter aufgebaut. Fertig war das offizielle Ticket Office. Abends liefen noch einige Volunteers durchs Kneipenviertel, um Karten der billigsten Kategorie zu 500 CFA-Franc (etwa 80 Cent) unters Volk zu bringen. Das Interesse aber hielt sich in Grenzen, da Gabun zeitgleich im entscheidenden dritten Gruppenspiel gegen Kamerun antreten sollte. Da sah man sich lieber das Spiel der eigenen Mannschaft in der Kneipe im Fernsehen an, als Guinea-Bissau gegen Burkina Faso im Stadion. Schade eigentlich.

Die Stunden vor der Partie verbrachte ich mit meinen neuen Freunden aus dem westafrikanischen Zwergstaat in der Hotelbar am Kickertisch. Der versprochene Mannschaftsbus stellte sich als kurzfristig gecharterter Minivan für den Betreuerstab heraus, aber das tat der guten Stimmung keinen Abbruch. Singend und klatschend ging es mit 15 Mann im Neunsitzer Richtung Stadion. Fürs Spiel war es noch zu früh, also ran an den nächsten Ausschank. Mangels gastronomischer Betriebe im direkten Umfeld bewiesen die Anwohner Improvisationsgeschick, stellten alle verfügbaren Klapp- und Plastikstühle vor ihre Behausungen, stapelten ausgediente Autoreifen als behelfsmäßige Sitzgelegenheiten aufeinander, schickten ihre Kinder zum Bier holen und stöpselten einige Verlängerungskabel zusammen, damit der Musikgenuss aus dem alten Ghettoblaster auch im Freien gewährleistet war. Und fertig ist die Kneipe. Babylonisches Sprachgewirr gab es gratis dazu – mit Gästen aus Burkina Faso, Guinea-Bissau, Deutschland und eben Gabun. Mein übrig gebliebenes Ticket ging an eine Gruppe von vier jungen Damen, die zusammen nur drei Karten ihr Eigen nannten und auf einen edlen Spender warteten. Da war die Freude groß – und das beiderseits. Mit dem leicht angeheiterten Tross von 15 Leuten betrat ich schließlich die Haupttribüne. Damit bildeten wir zugleich das mit Abstand kleinste Fankontingent aller teilnehmenden Mannschaften. Auf dem Spielfeld schlug man sich tapfer, musste sich aber den überlegenen Burkinabé verdientermaßen 2:0 geschlagen geben.

23. Januar 2017 / Stade de Franceville / Senegal – Algerien 2:2 / 6.000 Zuschauer

Tags darauf kamen die Kollegen vom Millerntor in Franceville an, die sich im Übrigen sehr über den von mir angebotenen Ticketbesorgungsservice freuten. Und das zurecht. Es folgte ein reger Austausch über die Erlebnisse der vergangenen Tage. Das ist erstmal gar nicht so leicht, will man sich bei einem Erfrischungsgetränk in üblicher Zimmerlautstärke unterhalten. Bars mit Namen wie *Le Décibel* lassen am Namen schon erahnen, wo hier die Priorität liegt: und zwar auf lauter Musik. Es gibt aber auch weniger aufdringliche Läden, wie etwa die von einem nigerianischen Pärchen betriebene Bretterbude, wo auch Englisch gesprochen wird – vornehmlich über Geschäftsideen zum Import von Autoersatzteilen aus Europa, was wiederum nicht gerade mein Fachgebiet ist. Wenn man dann mal muss, wird man schnell feststellen, dass es keine Toiletten gibt. Das ist nicht unüblich in solchen Einrichtungen. Man wird einfach hinter die Bude geschickt – ins Gebüsch oder auf die Wiese.

Das Spiel Senegal gegen Algerien war zum Abschluss meines fußballerischen Programms tatsächlich das mit Abstand beste – sowohl in sportlicher als auch stimmungstechnischer Hinsicht.

Zweimal ging Algerien in Führung, zweimal glich Senegal aus. Die Fans der Nordafrikaner trumpften mit einer schön anzusehenden Pyroshow auf (was zwangsläufig zu etwas Gerangel mit dem Ordnungspersonal führte), während die Westafrikaner durch ihren stimmgewaltigen und vor allem rhythmischen Support zu gefallen wussten. Besonders schön war dabei, dass sich unsere Plätze inmitten des senegalesischen Sektors befanden. Wer hier nicht von der Stimmung mitgerissen wurde, musste echt schon tot über dem Zaun hängen.

Nach dem damit sechsten und letzten Spiel dieser Tour verbrachten wir den Folgetag mit einem Ausflug zu den Stromschnellen und dem Wasserfall in der Region Franceville, bevor es abermals mit dem Zug zurück in die Hauptstadt ging, wo die letzten Tage am Strand verbracht wurden. Den vierten Spielort des Turniers, Oyem, besuchte ich übrigens nicht. Das wäre aus zeitlichen Gründen ohnehin nur mit kostspieligen Flügen über Libreville möglich gewesen und war mir den Aufwand einfach nicht wert. Und über Land mit dem Buschtaxi einfach zu langwierig.

Israel und Palästina

Unser Abflug verspätet sich auf unbestimmte Zeit. Unweit des Flughafens Berlin-Tegel sitzen wir zu zweit in einer Charlottenburger Kneipe und harren der Dinge. Eilig haben wir es nicht, denn solange das eingehende Flugzeug aus Kiew nicht abgeflogen ist, kann es auch von Tegel nicht abheben. Regelmäßig checken wir online den Flugradar und den ukrainischen Wetterbericht. Es ist Ende Oktober 2017 und der Herbst hat auch dort mit Sturm und Regen Einzug gehalten. Je mehr Stunden vergehen, desto wahrscheinlicher wird eine Annullierung. Als klar ist, dass wir Berlin mit siebenstündiger Verspätung tatsächlich noch vor Mitternacht verlassen würden, ist unser Anschlussflug bereits auf dem Weg nach Tel Aviv, unserem heutigen Tagesziel. Noch vor Abflug können wir zwei Plätze für die nächste Maschine am frühen Morgen ergattern, sodass wir nicht noch einen Tag herschenken müssen. In Kiew quartiert uns die Fluggesellschaft ins Airport-Hotel ein. Die Bar ist um diese Zeit schon geschlossen, doch der freundliche Portier treibt den Schlüssel für den verriegelten Kühlschrank auf, womit wir noch zu einem finalen Absacker kommen. Als ob wir den noch nötig gehabt hätten. Nach drei Stunden Schlaf sitzen wir endlich in der Maschine nach Israel.

Die Einreise gestaltet sich problemlos. Für mich soll es der dritte Besuch nach 1998 und 2011 sein. In Sachen Fußball, insbesondere hinsichtlich der Stadionlandschaft, hatte sich in der Zwischenzeit einiges getan. In Hinblick auf die U21-Europameisterschaft wurde etliches modernisiert. So gab es das Bloomfield-Stadion in seiner alten Form nicht mehr und selbst in Netanya, wo ich einst mit meinen Freunden von Maccabi Haifa im Gästeblock abfeierte, wurde eine moderne Arena errichtet. Für uns ging es zunächst an den Mietwagenschalter. Während Israel an sich ein eher teures Reiseziel ist, sind Mietfahrzeuge überraschend preiswert zu haben. Unser erstes anvisiertes Spiel, ausgerechnet das Derby der Zweitvertretungen von Hapoel und Maccabi Tel Aviv, mussten wir aufgrund unserer Verspätung bereits streichen. Stattdessen geht es etwas übermüdet Richtung Norden nach Akko. Dort trug Bnei Sachnin interimsweise seine Heimspiele aus, da das eigene Stadion nach dem Aufstieg in die Ligat ha'Al, der höchsten israelischen Spielklasse, noch nicht den Anforderungen genügte. Das im Übrigen vom Emir aus Katar finanzierte Doha-Stadion ist mittlerweile wieder Heimspielstätte. Während sich in den unteren Ligen so einige arabische Vereine tummeln, ist Ichud Bnei Sachnin FC bislang der einzige, der 2004 mit dem Pokal einen nennenswerten Titel gewinnen konnte. Die Anhängerschaft rekrutiert sich größtenteils, aber nicht ausschließlich, aus arabischen Israelis. Bemerkenswert fand ich die T-Shirts, die von einem Großteil der Fans getragen wurde. In dicken Lettern stand darauf weiß auf schwarz A.R.A.B. zu lesen. In kleinerer Schrift darunter die Aufschlüsselung des Akronyms: All Racists Are Bastards. Gute Einstellung. Gegenüber den zahlreich angereisten Gästen von Maccabi Netanya hegte man keinen Groll, auch wir beiden Exoten wurden freundlich aufgenommen. Das Spiel in der spätsommerlichen Nachmittagssonne plätscherte so vor sich hin und endete in einem langweiligen 0:0.

Passenderweise lag das neue Sammy Ofer Stadium in Haifa auf unserem Rückweg, wo am Abend noch Hapoel Haifa gegen Hapoel Ra'anana angepfiffen wurde. Atmosphäre kam dort aber keine mehr auf. Ein paar wenige Ultras mühten sich redlich, im halb leeren Stadion für etwas Stimmung zu sorgen, während wir versuchten, die Augen offen zu halten. Das Spiel endete 2:0. An recht viel mehr erinnere ich mich nicht. Nach einem Tag, der schon jetzt unendlich lang erschien, traten wir die Fahrt zurück nach Tel Aviv an, wo wir unser Nachtquartier beziehen wollten. Doch bis es dazu kam, sollten noch einige Stunden vergehen. Wohlwissend, dass wir uns um einen Tag verspäten würden, hatten wir die Vermieterin noch von Berlin aus wissen lassen, dass wir erst 24 Stunden später als geplant einchecken würden. So weit, so gut. Doch nun standen wir vor verschlossenen Türen, Anrufe wurden nicht mehr angenommen. Die Klingelschilder am Mehrfamilienhaus waren ausnahmslos auf Hebräisch beschriftet, was uns nicht weiterhalf. Erst nach mehrmaligen Versuchen bequemte sie sich ans Telefon, um uns schroff abzuweisen. Sie habe das Zimmer anderweitig vermietet, da wir uns nicht gemeldet hätten. Dann legte sie auf. Kurz darauf vermeldete auch die Bettenplattform, dass unsere Buchung storniert wurde. Die Suche nach einer Alternative brachte uns rasch die Erkenntnis, dass für die heutige Nacht im Großraum Tel

Bnei Sachnin aus dem Norden gilt als der erfolgreichste arabische Verein Israels.

Aviv kein Zimmer mehr unter 200 Euro zu haben war. Eine Stunde Fahrt außerhalb wurden wir für etwa ein Drittel dieses Preises noch fündig. Also Streichhölzer zwischen die Augenlider gepackt und hinaus aufs Land. Die angegebene Adresse existierte nicht. In einer links und rechts mit Einfamilienhäusern gesäumten Straße befand sich exakt eine Baulücke – und zwar genau an der Stelle, an der sich eigentlich unsere Hausnummer 5 befinden sollte. Wir klingelten einige Nachbarn heraus, die allesamt mit dem Kopf schüttelten und bestätigten, dass sich an dieser Adresse kein Haus befände. Wieso macht jemand so etwas? Wieso bietet man eine Unterkunft an einer Adresse an, die nicht existiert? Vielleicht in der Erwartung, dass nicht jeder den Betrug meldet und sich die Zahlung zurückerstatten lässt. Spätestens jetzt war der Punkt erreicht, an dem wir beschlossen, im Auto zu übernachten und morgen nochmal von vorne anzufangen. Doch da kam mir die Idee, meinen Freund Ofer in Berlin zu kontaktieren, der ja zuvor viele Jahre in Tel Aviv gelebt hatte und sicherlich noch einige Bekannte vor Ort haben würde. Glücklicherweise war er um diese Zeit noch wach und ein paar WhatsApp-Nachrichten später bekamen wir einen Schlafplatz bei einem seiner Bekannten direkt im Zentrum von Tel Aviv angeboten. Und um die Geschichte nicht weiter unnötig in die Länge zu ziehen: Das klappte dann auch.

Tags darauf führte uns der Weg nach Ashdod, wo uns mit dem Yud-Alef-Stadion ein kleines, aber schönes, altmodisches Stadion erwartete. Das Ambiente war prächtig, im Innenraum parkte ein Traktor und die Gäste von Hapoel Be'er Sheva sorgten mit etwa zwei Dritteln der anwesenden Zuschauer für Stimmung. Mit einem 3:1-Auswärtssieg nahmen sie verdientermaßen die Punkte mit nach Hause. Sonst keine besonderen Vorkommnisse; wir waren vom Vortag noch geschlaucht.

In den darauffolgenden Tagen pendelten wir zwischen Tel Aviv und dem Westjordanland, parkten den Mietwagen in Jerusalem und reisten ab Ost-Jerusalem mit öffentlichen Verkehrsmitteln. Vom Damaskus-Tor aus sind nahezu alle Ziele in der West Bank problemlos zu erreichen. Für weniger als zwei Euro ging es ins nahegelegene Bethlehem, ohne Besichtigung der historischen Stätten (es war für uns beide nicht der erste Besuch, und wir waren ja in Sachen Fußball unterwegs). Am Rande der Stadt befindet sich das Al-Khader Stadium, Spielstätte des Bethlehemer Vereins Taraji Wadi Al-Nes, der in der West Bank Premier League antritt. Diese vom palästinensischen Fußballverband geschaffene Profiliga besteht in ihrer heutigen Form erst seit 2008.

Vom historischen Zentrum Bethlehems machen wir uns auf den etwa einstündigen Fußmarsch zum Spielort. Ein Taxi zu nehmen wäre nicht teuer gewesen, doch wir haben genügend Zeit mitgebracht und möchten etwas vom Leben abseits der Souvenirshops für christliche Pilger sehen. Wir durchschreiten Wohngegenden und Geschäftsstraßen, die sehr einfach, um nicht zu sagen ärmlich wirken. Dass wir hier nicht heimisch sind, ist jedem Beobachter sofort klar. Die Menschen begegnen uns mit Interesse und Neugier, stets in sehr freundlicher Weise. Unterwegs legen wir eine Mittagspause in einem kleinen Lokal ein, wo uns mit Falafel, Hummus, Shawarma und Salaten ein wahres Festmahl kredenzt wird. Normale Hausmannskost, aber qualitativ eine andere Liga als das, was man von Imbissbuden zuhause kennt, und zu einem hervorragenden Preis-Leistungs-Verhältnis. Gut gelaunt erreichen wir das Stadion, wo auch schon die ersten Fans vor den noch verschlossenen Toren herumlungern. Diese checken jetzt ab, was es denn mit unserer Anwesenheit auf sich hat. Es dauert nicht lange, bis auch der Vereinspräsident von unserem Besuch erfährt und uns persönlich willkommen heißt. Die sieben Schekel Eintrittsgeld (etwa 1,70 €) zu entrichten, wird uns verwehrt. Stattdessen wird uns der Co-Trainer an die Hand gegeben, der sich fortan um alles kümmert. Er überrascht uns mit seinen guten Deutschkenntnissen. Wie sich herausstellt, hat er mal im Rheinland gelebt und seinen Trainerschein einst an der Sporthochschule Köln gemacht. Selbstredend werden wir das Spiel nicht zusammen mit dem gemeinen Pöbel betrachten, sondern bekommen Plätze auf der VIP-Tribüne oberhalb der Trainerbänke zugewiesen, wo gleich mal eine Runde Tee spendiert wird. Das Spiel hat noch nicht begonnen, als der Herr neben mir auf meine Zahnlücke aufmerksam wird. Der ausgebrochene Schneidezahn war das Resultat eines dämlichen Missgeschicks wenige Wochen zuvor – ganz ohne Gewalteinwirkung. Der gut gekleidete Herr bot mir in bestem Englisch an, sich das einmal genauer anzusehen. Er sei nämlich Zahnarzt und betreibe im israelischen Kernland eine Praxis. Die Situation ist mir etwas peinlich. Ich lehne ab und verweise auf den Termin, den ich schon bei meinem Zahnarzt zuhause vereinbart hatte. Mittlerweile waren die Mannschaften auf den Platz gekommen, der Co-Trainer aus Köln winkt uns von unten noch einmal zu, die Fans fein säuberlich links und rechts von uns getrennt – und wir quasi im Pufferblock in der Mitte. Es konnte losgehen.

Die Hausherren dominieren das Spiel und liegen nach vierzig Minuten 3:0 in Führung. Wer jetzt schon an eine klare Sache dachte, sollte bald eines Besseren belehrt werden. In den letzten Minuten der ersten Hälfte kommen die Gäste von Jabal Al Mukaber noch auf 3:3 heran. Mit dem Halbzeitpfiff erzielt ein gewisser Ayman Kharbat den Ausgleichstreffer, und der Zahnarzt neben mir verliert jede Contenance und frohlockt: „My son! My son! Hamdulillah!“ Er fällt mir um den Hals und ich muss mich erst aus dem Klammergriff befreien, um meine Glückwünsche aussprechen zu können. Ja, sein Sohn kickt für das Team aus Ost-Jerusalem und hat soeben den Ball im Netz versenkt. In der zweiten Hälfte fallen zunächst keine weiteren Treffer, das Spiel nimmt aber mit großen Torchancen auf beiden Seiten an Fahrt auf. Und dann kommt es, wie es besser nicht hätte kommen können: Der Zahnarztsohn trifft in der 90. Minute zum spielentscheidenden 4:3. Besser hätte sich das nicht inszenieren lassen. Jetzt scheinen alle durchzudrehen. Frenetischer Jubel, Fans und Spieler auf dem Zaun. Auswärtssieg!

Für uns wird es Zeit, die Rückreise anzutreten. Mittlerweile war es dunkel geworden und nach Einbruch der Nacht fahren im Palästinensergebiet keine Busse mehr. Ich frage unseren neuen Freund, wo wir denn jetzt ein Taxi herbekämen, was umgehend mit einer Einladung zur Mitfahrt erwidert wird. Aber nur bis kurz vor den Checkpoint zu Ost-Jerusalem: Dort müssten wir aussteigen, denn mit zwei Ausländern zu nächtlicher Stunde aus den besetzten Gebieten kommend, könnte das für ihn als Palästinenser mit israelischem Pass zu einer zeitraubenden Befragung führen. Das klingt einleuchtend. Auf der Fahrt ruft er seinen Sohn an, der im Mannschaftsbus gerade den Sieg feiert. Sie unterhalten sich ein paar Sätze auf Arabisch, als er mir plötzlich sein Handy reicht: „Speak to my son“. Ich gratuliere dem Doppeltorschützen zu seiner begeisternden Leistung und wünsche ihm auch weiterhin viel Erfolg. Auch von unserem Chauffeur müssen wir uns jetzt verabschieden. In der Entfernung sehen wir, dass er den Kontrollposten ohne Warterei passieren kann. Kurz darauf treffen wir beide zu Fuß aus dem Dunkel der Nacht kommend ein und sorgen bei den israelischen Grenzern für etwas Verwirrung. Zu Beginn der Reise vereinbarten wir, dass wir im Falle irgendwelcher Komplikationen und bei Befragungen einfachheitshalber immer bei der Wahrheit bleiben würden. Etwas Illegales hatten wir ohnehin nicht im Sinn. Natürlich mussten jetzt erstmal die Pässe präsentiert und ein Fragenkatalog abgearbeitet werden. Anstatt uns als christliche Pilger auszugeben, die in Bethlehem die Geburtskirche besucht hatten (was zwar die plausiblere, aber eben unwahre Begründung unserer nächtlichen Wanderung gewesen wäre), berichteten wir vom 4:3-Sieg in letzter

Minute von Jabal Al Mukaber über Taraji Wadi Al-Nes. Kopfschütteln. Keine weiteren Fragen. Wir werden durchgewinkt.

Ein Taxi war diesseits der Demarkationslinie gleich gefunden und wir erreichten Petach Tikva auf der israelischen Seite noch mit Puffer vor dem späten Abendspiel. Im Vergleich zum ereignisreichen und amüsanten Nachmittag war das aber ein langweiliges Unterfangen. Vor spärlich gefüllten Rängen im top-modernen wie sterilen Ha'Moshava-Stadion unterlag Maccabi Petach Tikva den Gästen von Bnei Yehuda mit 1:2. Abgehakt und fertig.

Wir entwickelten uns zu regelrechten Grenzpendlern und steuerten bald darauf Hebron an, das uns an einem Tag gleich zwei Partien der höchsten Spielklasse Palästinas bieten sollte. Vorher schauten wir uns ein wenig in der Stadt um. Innerhalb seiner Stadtgrenzen verkörpert Hebron sämtliche Aspekte und Facetten des Westjordanlandes, wie kaum ein anderer Ort: betriebsame Straßenmärkte der Palästinenser, hervorragendes Essen für wenig Geld, enge Gassen mit kleinen Läden, aber auch Checkpoints

Old-School-Atmosphäre beim Spiel zwischen Ashdod und Be'er Sheva.

und Straßensperren, hermetisch abgeriegelte Siedlungen der orthodoxen Juden, von israelischen Soldaten bewachte Eingänge der Moscheen. Ein gleichzeitig faszinierender wie verstörender Ort. Mich beschlich ein sehr beklemmendes Gefühl, ein Gefühl der Belagerung und der Angst, dass schon hinter der nächsten Ecke die Gefahr lauern könnte. Wir gerieten ins Visier der Armee. Ausweiskontrolle. Dass wir im Rahmen eines Tagesausflugs aus Tel Aviv wegen eines Fußballspiels hier wären und uns noch ein wenig die Stadt aus touristischer Sicht ansehen wollten, glaubte man uns nicht. So nimmt man uns erstmal die Pässe ab und lässt uns gut eine halbe Stunde warten, während unsere Daten per Funk nach wo auch immer durchgegeben werden. Unsere Namen fanden sich wohl auf keiner Liste pro-palästinensischer Aktivisten und wir wurden schließlich wieder entlassen. Auf zum Stadion, und das war auch schnell gefunden. Nicht hingegen ein geöffneter Eingang, ein Kassenhäuschen oder jemand, der den Hauch einer Ahnung hatte. Schließlich werden wir eingelassen, ohne Eintritt zu zahlen. Keine Ahnung, warum. Im Hussein Bin Ali Stadium treffen sich die Teams von Ahli Al-Khalil und Markez Balata zum sportlichen Kräftemessen. Ein gemütlicher Auftakt vor dem Top-Spiel am Abend ohne nennenswerte Ereignisse. Vor weniger als 500 Zuschauern trennt man sich friedlich mit einem 1:1-Unentschieden. Im Anschluss geht es per Taxi zum Dura-Stadion, dem mit einer Kapazität von 18.000 Plätzen größten im Westjordanland. Das beeindruckende Stadion bildet mit zwei Tribünen ein großes L, welches sich von der einen Längsseite über eine Hintertorseite erstreckt. Der Khalili Clásico, das Derby der beiden großen Vereine aus der Region Hebron (Shabab Al-Dharia gegen Shabab Al-Khalil), lockt knapp 5.000 Zuschauer an. Die Atmosphäre ist prächtig und eines Derbys würdig. Auf beiden Seiten gibt es organisierten Support und etwaige Animositäten zwischen den Lagern sind nicht auszumachen. Ein rundum gelungener Abend, die Gäste behalten mit 3:1 die Oberhand. Unsere abermalige Rückreise nach Jerusalem zum dort geparkten Wagen zieht sich diesmal in die Länge. Für die 40 Kilometer benötigen wir drei Taxis, um von Checkpoint zu Checkpoint zu gelangen. Tagsüber könnte man einfach den direkten Bus nehmen.

Es war Anfang November geworden und wir verbrachten unseren letzten Tag in Israel in der Sonne am Strand von Tel Aviv. Unser nächstes Ziel, die jordanische Hauptstadt Amman, liegt nur etwa 120 Kilometer davon entfernt. Die Reise dorthin sollte uns aber einiges an Zeit, Geld und Nerven abverlangen. Doch der Reihe nach: Zunächst galt es, den Mietwagen am Flughafen abzugeben. Von dort aus mit dem Shuttlebus nach West-Jerusalem und mit der Straßenbahn weiter nach Ost-Jerusalem, wo die Busse in die Palästinensergebiete starten. Direkt zur Grenze kommt man damit nicht. Wir lassen uns also auf offener Strecke an der Abzweigung rauswerfen und bewegen uns zu Fuß auf den etwa 200 Meter entfernten Kontrollposten zu – wohlgemerkt: noch nicht der Grenzposten. Ab hier wird es spannend. Zwei Fußgänger in der Wüste mit der Absicht, das Land zu verlassen. Zunächst werden die Pässe zur eingehenden Prüfung einkassiert. Daraufhin werden wir angewiesen, unser Gepäck abzugeben und den Inhalt unserer Taschen zu leeren. Portemonnaie, Schlüssel, Smartphone, etc. werden erstmal zwischengelagert. Die uniformierten Soldaten haben ihre Schuldigkeit getan und werden von zwei Herren in Zivil abgelöst, die sich nicht weiter zu erkennen geben. Die Befragung kann beginnen: Warum wir zu Fuß unterwegs sind und wie wir hierhergekommen wären. Warum wir kein Auto hätten. Ich beginne zu erklären. Bei einem israelischen Mietwagen greift in den Autonomiegebieten der Versicherungsschutz nicht, über die Grenze nach Jordanien kämen wir damit noch weniger, und außerdem wäre das ohnehin alles sinnlos, da wir ihn ja am Flughafen abgeben müssten. Dem kann selbst der Mann des Geheimdienstes nicht widersprechen. Es geht weiter mit Fragen zu Sinn und Zweck unserer Reise, wo wir überall gewesen wären und warum, ob wir hier irgendwelche Leute kannten – oder eventuell auch Israelis oder Palästinenser im Ausland. Wie zuvor vereinbart, bleiben wir bei der Wahrheit und berichten über jedes noch so kleine Detail, das uns in Erinnerung geblieben ist. So auch unser Verhör in Hebron. Dort wurden unsere Namen bestimmt notiert. Selbst Name, Beruf und Telefonnummer meines israelischen Bekannten in Berlin sind von Interesse und werden aufgenommen. Die Geschichte unserer Fußballreise mögen sie uns erst gar nicht

Blick von der VIP-Tribüne im Al-Khader-Stadion von Bethlehem.

abnehmen. Die Beweisfotos wären ja auf meinem Handy, das mir vorhin abgenommen wurde. Mein Vorschlag, da mal einen Blick darauf zu werfen, wird abgelehnt. Und jetzt auch noch weiter nach Jordanien? Wieso? Weshalb? Warum? Langsam fängt es an, zu nerven. Wir stehen draußen in der prallen Sonne, während im Büro unsere Namen wohl gerade zum Abgleich durch sämtliche Datenbanken gejagt werden. Die beiden Verhörspezialisten gönnen sich nun eine Pause, verziehen sich ins Innere des Betongebäudes, das nicht größer als ein Gartenhaus ist, und lassen uns in der Sonne stehen. Teil eins der Einschüchterungsmaßnahmen ist jetzt abgeschlossen. Teil zwei sieht eine getrennte Vernehmung vor. Die Fragen gehen noch mehr ins Detail und beschäftigen sich auch mit den privaten Lebensverhältnissen, etwaigen Vorlieben und dem beruflichen Werdegang. So muss ich im Detail erläutern, wie ein typischer Arbeitstag bei mir aussieht und aus welchen Ländern meine Kollegen kämen. Aber es gilt nicht nur Fragen zu mir selbst, sondern auch über meinem Reisebegleiter zu beantworten. Ist er glücklich verheiratet, hat er Kinder, wie sieht sein soziales Umfeld aus? Und woher kennen wir uns überhaupt? Irgendwann kommen wir doch noch zum Thema Fußball und er holt mein Smartphone heraus. Ich beginne durch die Fotos zu wischen und gebe ihm einen ausführlichen Überblick der vergangenen Woche. Stattdessen möchte er aber plötzlich wissen, was mein Lieblingsverein ist. Natürlich beantworte ich auch das wahrheitsgemäß, frage mich aber, was das soll. Mittlerweile sind wir auf Kneipenquiz-Niveau angekommen und ich schlage mich ganz wacker. Nach wem ist das neue Stadion in Haifa benannt? Sammy Ofer! Korrekt. Wer das ist oder war hätte ich hingegen nicht beantworten können. Noch einmal ziehen sich die beiden zur Beratung zurück, während wir weiterhin getrennt voneinander von den Uniformierten bewacht werden. Nächste Runde: Welche Spiele wir denn in Jordanien sehen möchten? Dummerweise fällt mir kein einziger jordanischer Vereinsname ein und ich sage etwas Dämliches wie „die arabischen Namen klingen für mich alle gleich", was ihn wiederum zum Schmunzeln bringt. Im Nachhinein schäme ich mich ein wenig dafür, aber in diesem Moment war es vielleicht sogar die beste Antwort. Wir nähern uns dem Ende der Fragestunde und meine letzte Antwort lautet: Schalke 04. Test bestanden. Wir dürfen weiterziehen. Bis zur israelischen Grenzstation müssen wir ein bereitstehendes Taxi zu einem völlig überteuerten Festpreis nehmen. Es bleibt uns keine andere Wahl, denn zu Fuß lässt man uns nicht gehen. Dort geht der offizielle Teil überraschend schnell vonstatten. Für die 500 Meter über den Jordan wird abermals ein Taxi fällig und auch auf der jordanischen Seite haben wir schnell einen Stempel im Pass.

Jetzt erst einmal ein Bier! Das ist nicht gerade üblich hierzulande, aber im Empfangsgebäude gibt es einen Duty-Free-Shop, der gekühltes Carlsberg aus der Dose für nur zwei Euro anbietet. Selten hat die Brühe so gut gemundet. Für die letzte Etappe nach Amman haben wir ausreichend Gesprächsstoff. Noch bevor wir unser Tagesziel nach 120 Kilometern und fast acht Stunden erreichen, senkt sich die Sonne. „Hat er dich eigentlich auch nach deinem Lieblingsverein gefragt?" Ja, das hat er. Ich muss lachen.

Sansibar

Es war ein nasskalter Novemberabend 2017 in Berlin, als ich mich mit ein paar Freunden in einer Kneipe traf. An sich nichts Ungewöhnliches, doch diesmal hatte ich eine besondere Mitteilung zu machen. Einige Stunden zuvor hatte ich eine *Error Fare* nach Sansibar klar gemacht. So ein Preisfehler im Buchungssystem ist schon etwas Feines – wenn man ihn denn findet und spontan genug sein kann, ihn gleich zu buchen. Häufig werden solche Fehler von den Fluggesellschaften oder Veranstaltern schnell bemerkt und von der Seite genommen. Auf diesem Weg kam ich zuvor schon mal für unter 300 Euro nach Japan oder Chile. Diesmal sollte es für 160 Euro mit Start ab Luxemburg über München und Muskat nach Sansibar (und zurück) gehen. Beim Routing oder den Terminen darf man dabei nicht allzu wählerisch sein. Schon bald kommt in unserer Runde das Thema auf etwaige Pläne für Weihnachten und Silvester:

„Na, ich werde über die Feiertage nach Sansibar fliegen."

„Was? Du auch? Der Deal mit Oman Air?"

„Ja, genau. Für zehn Tage. Ab Luxemburg über München."

„Ist ja krass. Ich bleibe zwei Wochen und fliege über Mailand zurück."

Schön, wenn man ähnlich gepolte Menschen im Freundeskreis hat. Ich musste mich um eine etwaige Reisebegleitung nicht mehr kümmern. Es war alles schon eingetütet. Wie Geschichtsinteressierte wissen dürften, gilt Sansibar als eines der besten (oder auch schlechtesten) Tauschgeschäfte aller Zeiten. Im Jahre 1890, als die Kolonialmächte in Afrika die Grenzen noch mit dem Lineal zogen, einigten sich die Briten mit den Deutschen auf ein Abkommen zur Regelung der gegenseitigen Gebietsansprüche. Die Briten traten Helgoland an das Deutsche Reich ab, im Gegenzug versprach das Kaiserreich, seine Finger vom Sultanat Sansibar zu lassen. Genau genommen war Sansibar nie Teil der von den Deutschen kontrollierten Gebiete in Ostafrika, sondern lag nur in unmittelbarer Nähe. Damit war es auch kein Tauschgeschäft, sondern nur eine Vereinbarung. Auch heute genießt die Insel im Indischen Ozean noch eine Sonderstellung als halb-autonome Region Tansanias.

Und dort sollte es in knapp vier Wochen hingehen. Visum besorgen und die wichtigsten Informationen einholen: Wird dort Fußball gespielt und wenn ja, wann und wo? Erst im März 2017 wurde Sansibar als fünfundfünfzigstes Mitglied der CAF, des afrikanischen Fußballverbandes, aufgenommen. Nur vier Monate später wurde die Mitgliedschaft wieder annulliert, weil mal wieder jemand das Kleingedruckte nicht gelesen hatte. Denn nach Artikel 11, Absatz 5, der CAF-Statuten darf pro Staat nur ein Verband als Mitglied aufgenommen werden. Und da Sansibar zu Tansania gehört, das schon seit vielen Jahren Mitglied ist, war der Traum auch schon wieder ausgeträumt.

Der Fußballverband Sansibars bleibt aber weiter vollwertiges Mitglied der CECAFA, einem Zusammenschluss ostafrikanischer Nationen. Im Dezember 2017 trug dieser Regionalverband ein Ostafrika-Turnier in Kenia aus, bei dem sich Sansibar den Gastgebern erst nach Elfmeterschießen im Finale geschlagen geben musste. In den Spielen zuvor gelangen schon Achtungserfolge gegen Uganda und ausgerechnet auch gegen den großen Nachbarn Tansania. Nicht schlecht für eine kleine Insel mit 1,3 Millionen Einwohnern. Auf der Gewürzinsel wird eine eigene, halb-professionelle Premier League mit 14 Teams unterhalten, die ihre Spiele allesamt im Amaan Stadium am Rande der Inselhauptstadt austragen. Das zentraler gelegene Mao-Zedong-Stadion wurde gerade einer größeren Schönheitsoperation unterzogen; recht viel mehr als eine große Baustelle bekamen wir dort nicht zu sehen. Ein typischer Spieltag erstreckt sich von Freitag bis Montag, wobei samstags und sonntags jeweils gleich zwei Partien hintereinander angesetzt werden. Damit sollten sich also genügend Möglichkeiten bieten, zumindest diesen einen Ground zu kreuzen.

Nach langer Anreise traf ich mich mit Henning, der schon ein paar Tage da war. Wir quartierten uns in einen Bungalow in Paje an der Ostküste ein, gleich am Strand, mit fußläufig erreichbaren Restaurants und Strandbars und einer strategisch guten Minibusverbindung nach Zanzibar City und Stone Town. Dort ließ es sich sehr gut aushalten.

Im Internet verlässliche Informationen zu Spielansetzungen zu finden, war kein leichtes Unterfangen. Es gab zwar ein paar Websites zum Thema, manche boten Ergebnisse der Vorwoche und andere widersprachen sich, was Anstoßzeiten oder das Da-

Strandfußball am Hafen in Sansibar.

tum anging. In Ostafrika die Uhr zu lesen, ist übrigens eine Kunst für sich, die ich einige Jahre zuvor in Äthiopien lernen durfte: Der Tag beginnt mit der Stunde Null, was sechs Uhr morgens unserer Zeit entspricht, während die Nacht um 18 Uhr abermals mit der Stunde Null beginnt. 10:30 Uhr vormittags nach unserer Zählweise entspricht also nach ostafrikanischer Rechnung 4:30 Uhr. 20 Uhr (acht Uhr abends) ist auf Sansibar demnach 2 Uhr nachts. Im Zweifel also am besten immer noch mal nachfragen, ob bei Auskünften „local time" gemeint ist.

Eine weitere Informationsquelle sind die Social-Media-Kanäle der jeweiligen Vereine. Auch hier erhielt ich auf meine Anfragen entweder gar keine oder widersprüchliche Antworten – bis sich plötzlich der Vorsitzende von Kilimani City FC bei mir meldete, sich als sehr hilfsbereit zeigte und mir auch gleich seine Telefonnummer gab. Allerdings konnte auch er nicht wirklich bestätigen, was denn jetzt die korrekten Daten wären. Na dann, einfach mal Samstagmittag raus zum Stadion, um unser Glück zu versuchen.

Lebensrealität abseits der Traumstrände.

Es ist der 25. Dezember 2017, erster Weihnachtsfeiertag. Um 12 Uhr und 14 Uhr sollte jeweils eine Partie der Premier League steigen. Da es auf der ostafrikanischen 12-Stunden-Uhr keine 14 gibt, musste es sich um die internationale Zeitangabe handeln. Mit dem *Dala-Dala* (Minibus) machen wir uns auf den Weg. Kurz vor zwölf in der sengenden Mittagssonne sieht es dort nicht nach Fußball aus. Gähnende Leere rund ums Stadion. Unter der Haupttribüne finden wir eine offene Tür und wagen einen Blick hinein: ein langer Gang mit weiteren Türen. Über einer prangt die Aufschrift „Stadium Manager". Dort mal anklopfen und dem „herein" folgen. Im Raum befinden sich drei Schreibtische, die in Aktenbergen zu versinken drohen, in der Ecke verstauben Kopierer und Faxgerät aus längst vergangenen Zeiten sowie ein Wasserspender. Die anwesenden Herren sehen ihrer Kleidung nach eher wie Verwaltungsbeamte aus. Aus welchem Grund auch immer hatte ich hinter der Tür den Platzwart und keine Schreibstube vermutet. Hauptsache, uns kann geholfen werden. Wir stellen uns vor. Wir kämen aus Deutschland und würden hier gern ein Fußballspiel besuchen. „In Zanzibar?“ – „Yes, in Zanzibar!“. Gemäß Website so-und-so soll hier und heute um 12 und um 14 Uhr gespielt werden. Die Antwort kommt prompt: Nein, hier rollt heute kein Ball und wann, das könne man jetzt auch noch nicht sagen. Ein kurzes Intermezzo. So schnell wir im Büro waren, verließen wir es auch wieder. Nur wenige Minuten nach der herzlichen Begrüßung wurde uns unmissverständlich klar gemacht, dass man jetzt zu tun hätte und wir uns schleunigst verpfeifen sollten. Alles sehr merkwürdig. Noch eine Weile spekulierten wir, was denn Sinn und Zweck des Büros sein könnte und mit was sich das Team des Stadium Managers den lieben langen Tag beschäftigt.

Die erste Hälfte unseres ersten Spiels wäre jetzt rum, die Sonne steht im Zenit. Es ist unerträglich heiß geworden. Am Strand wäre es jetzt gut auszuhalten bei einer leichten Brise vom Meer und einem kühlen Drink in der Hand. Wir beschließen, dennoch zu bleiben, vielleicht wird ja um 14 Uhr angepfiffen. Auf die Auskunft der Bürohengste geben wir nicht viel. Wir schlendern in der trostlosen Gegend herum, vielleicht könnten wir irgendwo ein Getränk zu uns nehmen. Die Gegend um das Stadion herum ist alles andere als einladend und erinnert architektonisch an Eisenhüttenstadt: sozialistische Plattenbauten unter Palmen, von der tropischen Witterung schon stark in Mitleidenschaft gezogen. Ein Café finden wir nicht, aber einen Stand, an dem frisch gepresster Zuckerrohrsaft ausgeschenkt wird. Zu diesem Zeitpunkt eine sehr willkommene Erfrischung. Mittlerweile sind wir beide ziemlich erschöpft, hungrig und durstig. Wir gesellen uns zu ein paar Bauarbeitern, die unter einem Bretterverschlag Pause machen. Ein mobiler Händler versorgt uns vom Fahrrad aus mit Kaffee aus der Thermoskanne. Unterhalten können wir uns aufgrund der Sprachbarriere nicht, aber die Anwesenheit von zwei bleichen Strandtouristen an diesem ungewöhnlichen Ort sorgt bei den Arbeitern für Erheiterung und ausreichend Gesprächsstoff. Es sind diese Momente, an denen ich mich dann manchmal frage, was zum Teufel ich denn hier mache. Andererseits versuche ich dann auch, das Positive darin zu sehen; solche Begegnungen wären unter normalen Umständen nie zustande gekommen. So hat das alles etwas Gutes, versuche ich mir einzureden, während mir der Schweiß von der Stirn tropft.

Kurz vor zwei werfen wir nochmal einen Blick zum Stadion, weiterhin gähnende Leere. Mittlerweile bin ich echt frustriert. Als wir gerade aufgeben wollen, erscheint uns eine Fata Morgana. Was sehen wir da? Auf dem Stadionparkplatz baut jemand einen kleinen Verkaufsstand auf. Aus der Ferne erkennen wir Kühlboxen, die mit Getränkeflaschen befüllt werden und einen Campingtisch, auf dem sich Chipstüten, Kekse und dergleichen türmen. Irgendetwas scheint hier im Gange zu sein. Nichts wie hin, sei es, um eine Flasche Wasser zu ergattern. Der freundliche Verkäufer bestätigt: „Yes, later football. One o'clock". Also doch noch ein Spiel heute. Wunderbar! Und warum sollte er hier im Nirgendwo einen Verkaufsstand aufbauen, wenn dem nicht so wäre. Ich vertraue ihm und vergewissere mich nochmal, was die Uhrzeit angeht. „One o'clock, seven evening". Na dann. Wir fahren zurück in das eine halbe Stunde entfernte Stone Town und hoffen, dass es auch so sein wird. Plötzlich sind wir wieder bei Laune und fragen uns, ob dem Stadium Manager schon jemand Bescheid gesagt hat.

Zwischenzeitlich habe ich eine Nachricht von Charles erhalten, meinem Kontaktmann von Kilimani City: Heute Abend um sieben steigt das Finale um den Bonanza Cup. Sein Team wäre zwar nicht dabei, aber als wichtiger Repräsentant dürfe er dort nicht fehlen. Es handle sich um einen regionalen Pokalwettbewerb, bei dem heute Gulioni FC gegen die Jang'ombe Boys antreten sollen. Das war doch mal eine schöne Weihnachtsüberraschung. Doch damit nicht genug: Charles bot an, uns abzuholen und gemeinsam ins Stadion zu fahren, was wir gerne annahmen. Das klappte einwandfrei.

25. Dezember 2017 / Gulioni FC – Jang'ombe Boys 0:2 / Amaan Stadium, Zanzibar City / 1.000 Zuschauer

Dass Charles kein Hochstapler war, sollte sich vor Ort zeigen. Jedermann schien ihn zu kennen und ihn durchzuwinken. Als Teil seiner Gefolgschaft galt letzteres auch für uns. Wir wurden in die klimatisierten VIP-Räume unterhalb der Haupttribüne geleitet, wo es einige Hände zu schütteln galt: der Vereinspräsident von hier, der Trainer von dort, wichtige Sponsoren und auch noch ein FIFA-Schiedsrichter, der schon mal Spiele im Ausland gepfiffen hat. Wir nahmen Platz auf einer Kunstleder-Couchgarnitur und bekamen Freigetränke serviert. Vorgestellt hatte uns Charles als Repräsentanten des deutschen Fußballs. Die Kommunikation lief zumeist auf Suaheli. Nur zwischendurch wurde etwas Englisch eingestreut, damit auch wir irgendwie mitbekommen, um was es gerade geht. Was genau er allerdings so erzählte, und für wen uns die anderen alle hielten, blieb uns bis zum Schluss ein Rätsel. Als Nächstes stand ein Fototermin mit sämtlichen Würdenträgern an, gefolgt von einer „Stadiontour". Zusammen mit dem ganzen Tross wurden wir in den Innenraum geführt und drehten eine gemütliche Ehrenrunde rund um den Platz. Besonders skurril war dabei die Aktion, dass zwei Balljungen kurzerhand verpflichtet wurden, uns beiden jeweils eine Halbliter-Wasserflasche hinterherzutragen. Es war schon weit nach sieben (also 19 Uhr, *one o'clock* eben) und noch waren keine Spieler auszumachen, die sich warm machen würden. Auf den Tribünen aber fanden sich zunehmend mehr Zuschauer ein.

Nach dieser etwas anderen Stadionführung nahmen wir unsere gepolsterten Plätze auf der VIP-Tribüne ein – genau neben der Person, die später den Pokal überreichen sollte. Dieser wurde unmittelbar vor uns auf einem kleinen Beistelltisch platziert. Erst einmal durchatmen und alles verarbeiten. Wir sahen uns immer noch verwundert an. Mittlerweile waren auch die beiden Teams auf den Platz gekommen, und Charles kam noch einmal rum, um uns das weitere Prozedere zu erklären. Nach dem Abspielen der Nationalhymne wäre nämlich noch einmal Händeschütteln angesagt. Wir wurden aufs Spielfeld geleitet, um beide Mannschaften sowie das Schiedsrichter-Trio zu begrüßen. Und während uns Fotografen und Kamerateams ins Visier genommen hatten, schritten wir die gesamte Formation ab, wurden jedem einzelnen namentlich vorgestellt und wünschten natürlich allen viel Erfolg, ein faires Spiel und so weiter.

Das alles war schon sehr skurril. Vielleicht hatte sich Charles ja einige Geschichten ausgedacht, was uns angeht, um sich selbst zu profilieren. Wir wussten nicht, was auf Suaheli gesagt wurde und ob wir nicht sogar als Offizielle vom DFB oder als Talent-Scouts vorgestellt wurden. Vielleicht war es einfach nur wahre Gastfreundschaft, die uns etwas überforderte. Einzigartig war es auf jeden Fall. Mittlerweile war es halb neun geworden und das Endspiel um den Bonanza-Cup konnte beginnen. Gulioni in rot gegen Jang'ombe Boys in blau. Endlich mal Fußball. Es entwickelte sich ein ansprechendes, unterhaltsames Spiel zweier Mannschaften auf Augenhöhe. Doch einen Wunsch hatte ich noch: eine Eintrittskarte. Da wir als Ehrengäste überall nur durchgewinkt wurden, fehlte mir das für die Sammlung unerlässliche Stück Papier. Charles verstand nicht ganz, warum mir das wichtig war. Wir müssten doch nichts bezahlen, schließlich wären wir seine Gäste, und so weiter, und so fort. Aber so leicht ließ ich mich nicht abspeisen. Zur Halbzeitpause begleitete er mich dann zum stadionseitigen Zugang der Kassenhäuschen. Und dort war die Verwirrung nicht minder. Da möchte jemand ein Ticket kaufen, der bereits im Stadion ist. Ich deklarierte den Kaufpreis dann eben als Spende für die Nachwuchsarbeit im Fußball auf Sansibar, was dann auch akzeptiert wurde und ich die Pappe endlich in der Hand hielt.

Zurück zum Spiel, das angesichts all der irren Begleitumstände nicht mehr so ganz in meinem Fokus stand. Vor schätzungsweise 1.000 Zuschauern behielten die Jang'ombe Boys mit 2:0 die Oberhand und wurden damit Pokalsieger. Zur Siegerzeremonie kamen die Spieler nun zu uns auf die Ehrentribüne. Nochmals Händeschütteln. Zuerst sollten die Verlierer mit aufmunternden Worten getröstet werden, dann waren die freudestrahlenden Sieger dran. Näher an eine Pokalübergabe dürfte ich in meiner Fußballkarriere wohl nicht mehr kommen. Nachdem mit den Boys in Blue etwas gejubelt wurde, war es auch an der Zeit, uns von Charles und allen anderen zu verabschieden. Es war schon spät geworden und wir entschieden uns, die Nacht in Stone Town zu verbringen. Das erste Bier des Tages wurde kurz vor Mitternacht geöffnet, der Pokalsieg sollte ausgiebig gefeiert werden. Und schließlich war ja auch noch Weihnachten.

Die Jang'ombe Boys gewinnen am Weihnachtstag den Bonanza Cup 2017.

Buenos Aires

Während Normalsterbliche bei Buenos Aires unmittelbar an Tango und Evita denken, ist es für unsereins zweifelsohne die Welthauptstadt des Fußballs. Keine Widerrede. Wer etwas anderes sagt, kann dieses Buch gleich wieder zur Seite legen. Ein Kapitel dazu darf in diesem Werk also nicht fehlen. Dennoch habe ich mich dagegen entschieden. Warum? Es wurde schon alles gesagt. Da gibt es einige gute filmische Dokumentationen zum Thema: angefangen von Fans und Groundhoppern, die ihre persönlichen Erlebnisse auf DVD brannten bis hin zu professionellen Reportagen, die im Fernsehen oder auf Filmfestivals liefen. Zudem gibt es zahllose persönliche Erfahrungsberichte in schriftlicher Form derer, die vor Ort mal eingetaucht sind, und deren Berichte in den einschlägigen Blogs und Fanzines nachzulesen sind. Ganze Bücher widmen sich allein dieser einen Fußballstadt, darunter eindrucksvolle Bildbände und Reiseerzählungen. Allesamt spiegeln die Geschehnisse rund um den Fußball in Argentinien mehr oder weniger authentisch wider. Und alle sind sie wahr – auf ihre eigene, ganz subjektive Art und Weise. Mal unterhaltsam, mal witzig geschrieben, mal spannend, manchmal auch langweilig. Herausragend finde ich persönlich den 30-minütigen Film *Los cerveceros de Quilmes* (Die Bierbrauer von Quilmes), welcher die enorme Leidenschaft, Verbundenheit und Liebe zum eigenen Verein beschreibt, wie man es schöner kaum machen könnte. Dabei kommt er ohne die übliche Herangehensweise aus. Anstatt den Fokus auf die oberflächliche Wahrnehmung zu legen, schildern unter anderem weibliche Fans, Radaubrüder, Spielerlegenden und der Radiomoderator ihre ganz persönliche Bindung zum Verein.

Was könnte ich also noch Neues beitragen? Mit dem Superclásico zwischen River Plate und Boca Juniors kann ich ohnehin nicht aufwarten, dem Derby zwischen den beiden ganz großen Clubs der Stadt, deren Namen jeder halbwegs Fußballinteressierte noch nennen kann, auch wenn er sonst mit Südamerika nicht viel am Hut hat. Erlebnisberichte geben immer nur eine subjektive Wahrnehmung des Betrachters wider, bei der verschiedene Faktoren hinein spielen: die Brisanz oder Nichtigkeit der jeweiligen Partie, das Zuschauerinteresse, die Atmosphäre auf den Rängen, der Spielverlauf, die Witterung – und nicht zuletzt die eigene Verfassung an diesem Tag. Da kann ein Besuch der vermeintlichen Spitzenpartie in der Primera División enttäuschend sein und der Viertliga-Kick zweier Mannschaften, deren Namen man bis dato nicht kannte, einem für immer in Erinnerung bleiben. Daher sind Einschätzungen zur besten Stimmung oder den besten Fans nicht wirklich aussagekräftig, es sei denn, man kann sich erlauben, über mehrere Spielzeiten regelmäßig vor Ort Vergleichswerte anzusammeln. Auch das maße ich mir nicht an; selbst nicht nach mittlerweile drei Aufenthalten und rund fünfzig besuchten Spielen in gut 25 verschiedenen Stadien.

Buenos Aires gliedert sich in das eigentliche Hauptstadtgebiet und die angrenzenden Bezirke von Gran Buenos Aires. Die Übergänge sind fließend und im Stadtbild nicht erkennbar. So gehört beispielsweise Avellaneda mit den Schwergewichten Racing und Independiente genau genommen schon nicht mehr zur Stadt. Die Innenstadt (Microcentro) wirkt aufgeräumt und erinnert an gepflegte spanische oder italienische Städte. Ein paar Bahnstationen weiter befinden sich schon die ersten *villas miserias*, verwahrloste Armenviertel. Das soziale Gefälle in der Stadt ist enorm und spürbar. Die gesamte Stadt Athen beispielsweise könnte mit all ihren Facetten einen typischen Stadtteil von Buenos Aires abgeben.

Mit etwa so vielen Einwohnern wie der Großraum London finden wir hier verteilt auf fünf Ligen fast achtzig Vereine. Gefühlt spielt halb Argentinien im Großraum Buenos Aires. Während der Saison gibt es nahezu täglich Spielansetzungen; und das auch mal an einem Dienstagnachmittag, damit einem nicht langweilig wird. Ein wahres Paradies für Groundhopper, wären da nicht die mitunter langen Wege zwischen den Stadien, wenn man sich nicht mit einer Partie pro Tag begnügen möchte. Aber wer möchte das schon? Mit den *colectivos* (Stadtbussen) kommt man in jeden noch so entfernten Winkel, aber das kann dauern. Viele Stadien liegen entlang der drei großen Bahnlinien, die Richtung Norden, Westen und Süden aus der Stadt herausführen (Richtung Osten liegt das Meer und lockt mit einer Fährüberfahrt nach Montevideo). Die Fahrt mit den Vorortzügen ist viel schneller und wesentlich günstiger als mit dem Taxi. Die Fahrpreise sind staatlich stark subventioniert und wohl das einzige, was nicht ständig teurer wird. Seit

Fans aus Quilmes bei der Anreise am Spieltag.

Jahrzehnten schlittert Argentinien von einer Wirtschaftskrise in die nächste und leidet seit vielen Jahren unter einer enormen Inflation, was vor allem die Argentinier zu spüren bekommen. Der ausländische Besucher bekommt davon kaum etwas mit. Bei meinem ersten Besuch 2012 bekam ich für den Euro gerade mal vier Pesos. 2015 waren es schon vierzig, und Ende 2018 lag der Kurs bei 1:140.

Damit haben auch die Vereine zu kämpfen, die gezwungenermaßen Mitgliedsbeiträge und Eintrittspreise ständig der Inflation anpassen müssen, dabei aber ebenso darauf achten müssen, dass es trotz allem bezahlbar bleibt. Viele Fans sind gleichzeitig auch Mitglied in ihrem Verein und profitieren von fairen Mitgliedsbeiträgen, was ihnen je nach Club kostenlosen Eintritt oder stark reduzierte Ticketpreise garantiert. Dafür zahlen Gelegenheitsbesucher, Fußballtouristen und alle Nicht-Mitglieder umso mehr. Ohnehin fungieren die meisten Vereine nicht einfach nur als Fußballclub, sondern sind fest im sozialen Gefüge des jeweiligen Stadtviertels verwurzelt. So gehören Sozialarbeit, Bildungsangebote, Kindergärten oder Suppenküchen zum Standardrepertoire und binden damit nicht nur den klassischen Fußballfan an den Verein. Es kann schon mal vorkommen, dass die Oma zum Einkaufen das Trikot überstreift, und man sie am Wochenende in Gefolgschaft ihrer ganzen Großfamilie samt Enkelkindern auf der Tribüne antrifft. Die Verbundenheit zum Barrio zeigt sich aber auch in den Wandmalereien und der farblichen Gestaltung der Häuserfassaden, womit auch für den Außenstehenden gleich klar ist, auf wessen Territorium er sich befindet. Der Fußball ist hier ein täglicher Bestandteil des Lebens und dient nicht einfach bloß der Freizeitgestaltung.

Etwas schwieriger für den Besucher aus der Fremde wird es bei der Einschätzung, wie vertrauenswürdig ein bestimmter Kiez ist, bevor er sich dort hinbegibt. Bei den größeren Clubs ist das meist schnell herauszufinden, aber wie sieht es bei Laferrere, Morón oder Nueva Chicago aus? Da kann man entweder etwas Recherche reinstecken, um gegebenenfalls das Vorhaben gleich wieder zu verwerfen, oder einfach mal ins Blaue losfahren und sich überraschen lassen. Das kann gut gehen, muss es aber nicht. Als Fremder wird man immer erkannt werden, selbst wenn man sich dem für dortige Stadionbesuche angemessenen legeren Kleidungsstil anpasst. Da hilft es auch nichts, dass in Argentinien sämtliche Hautfarben anzutreffen sind, und selbst der „typische Deutsche" rein optisch auch ein *Porteño* (Einwohner von Buenos Aires) sein könnte. Es bleiben noch die Mimik und Gestik, wie man sich bewegt, und nicht zuletzt die Sprache. Auch spanische Muttersprachler aus anderen Ländern sind sofort auszumachen, da sich das argentinische Spanisch nicht nur hinsichtlich Aussprache und Vokabular sehr unterscheidet, sondern sich eigener grammatikalischer Formen bedient. Aber keine Sorge: Mit ein paar Brocken Wörterbuch-Spanisch kommt man auch hier zurecht. Oftmals schätzen es die Leute schon, wenn man sich einfach nur mal bemüht. Und vor allem bei den kleineren, weniger namhaften Vereinen, deren Stadien ebenso wie die sämtlicher Clubs der Hauptstadt jenseits der touristischen Gegenden liegen, steigt die Wertschätzung, die einem entgegengebracht wird, wenn man sich für sie interessiert.

Ein Boca- oder River-Fan käme beispielsweise nicht auf die Idee, einfach einmal eine Partie von Urquiza oder Platense zu besuchen. Umso exotischer wirkt dann ein Fußballtourist aus dem fernen Europa, der nicht nur schon mal von unserem Verein gehört hat, sondern auch noch zu einem Spiel kommt und keine Angst hat, sich in unser bescheidenes Viertel zu begeben. Und plötzlich ist man kein potenzielles Überfallopfer mehr, sondern ein willkommener Gast. Selbst in wirklich miesen Gegenden wie Dock Sud, der Hafengegend gleich südlich von Boca, erkennt man bei genauerer Betrachtung hinter der rauhen Fassade ein eher familiäres, freundliches Umfeld. Natürlich stechen an Orten wie diesen zunächst verfallene Häuser, Autowracks und Müll am Straßenrand sowie zwielichtige Gestalten ins Auge, aber im Stadion sehe ich dann auch spielende Kinder und Großmütter, die bei einem Kaffee den neuesten Nachbarschaftstratsch austauschen. Wir waren zu zweit unterwegs, nahmen den Bus ins Viertel und verließen diesen an einer Ecke unweit des Stadions. Ohne Smartphone oder Karten-App fiel uns die Orientierung etwas schwer, was schon das erste mulmige Gefühl hervorrief. Anstatt versehentlich in die falsche Richtung und damit eventuell in unser Verderben zu laufen, entschied ich mich proaktiv, einfach die nächsten Passanten zu fragen. Und das waren zwei junge Burschen im Trikot auf einem Moped: der Fahrer mit Sport-Zigarette, der Sozius mit aufgerissenem Tetra Pak Rotwein. Willkommen in Dock Sud! Auf meine Frage, wo es denn hier zum Stadion ginge, begannen beide gleichzeitig zu reden und in entgegengesetzte Richtungen zu zeigen. Das fängt ja gut an, dachte ich mir, mal bitte nicht so schnell und nicht beide auf einmal. OK, zwei Blocks in die eine Richtung, dort trifft sich die Barra, da könnten wir mit denen noch einen

Eindeutiges Bekenntnis zum Verein.

saufen. Oder in die andere Richtung, dort wäre dann gleich rechts um die Ecke der Zugang zum Stadion. Wir entscheiden uns für den direkten Weg zum Stadion, denn meist ist das Stadion der sicherste Ort in solchen Vierteln. Schnell den Eintritt für Nicht-Mitglieder entrichtet und schon waren wir drin. Es war noch nicht allzu viel los, wir waren früh dran. Wir platzierten uns auf den billigen Plätzen am Rande der Hintertortribüne und warteten auf den Einzug der bösen Buben, die ja noch draußen an besagtem Treffpunkt am Vorglühen waren. Die Partie war bereits angepfiffen, als diese dann lautstark singend mit Pauken und Trompeten einliefen. Jetzt konnte die Party losgehen. Dieses typische Ritual, dass die Barra Brava erst auf den letzten Drücker die Tribüne betritt (oder erst, wenn das Spiel schon läuft) und sich eine Schneise durch die bereits anwesenden, ihnen applaudierenden Normalos schlägt, lässt sich nahezu bei jedem Stadionbesuch beobachten. Die Barra Brava ist ein südamerikanisches Phänomen und lässt sich vielleicht am ehesten mit „aktive Fanszene“ übersetzen. Die wörtliche Übersetzung des Begriffs lautet „Wilde Horde“. In struktureller und organisatorischer Hinsicht entsprechen sie aber nicht dem, was wir in europäischen Gefilden als Ultras, Hooligans oder Fan-Clubs kennen. Die Barra ist irgendwie eine Mischung aus all dem, aber noch viel mehr. Zumindest bis 2013, als ein generelles

Im wunderbaren Vereinsheim von CA Atlanta.

Gästeverbot in Kraft trat, kümmerten sie sich unter anderem noch um die Bereitstellung von Bussen für Auswärtsfahrten. Sie sorgen dafür, dass auch diejenigen Gruppenmitglieder ins Stadion kommen, die es sich finanziell nicht leisten können; sie erstellen Choreos und Banner; sorgen mit Trommeln und Blasinstrumenten für die musikalische Untermalung der Gesänge; und organisieren schon mal Grillfeste und Partys, um Geld für wohltätige Zwecke im Barrio zu sammeln. Bei den größeren Vereinen haben sie mitunter ein gewaltiges Wörtchen beim Verkauf und der Verteilung der Eintrittskarten mitzureden. Auch sonst ist ihr vereinspolitischer Einfluss wesentlich dominanter, als das irgendwo in Europa der Fall wäre und dienen somit auch als wichtiger Ansprechpartner für die Vereinsführung und selbst für die Polizei. Das Wort der Barra hat Gewicht und sollte nicht unterschätzt werden, auch weil viele Gruppierungen gute Kontakte zur Unterwelt pflegen oder gar Teil davon sind. Mafiöse Verflechtungen und territoriale Machtkämpfe sind Teil des Geschäfts, das bis in den Drogen- und Waffenhandel oder die Prostitution hineinreicht.

Die Gewalt rund um den Fußball in Argentinien ist auch nicht ohne. Immer wieder kam es dabei zu Todesopfern. Die Sanktionen seitens des Verbandes und der Polizei fallen oft drastisch aus. So bekamen Clubs wie San Telmo oder Chacarita Juniors mal ein Jahr Heimspielsperre aufgebrummt. Auch sonst fackelt man nicht lange, um Vergehen jedweder Art zu ahnden. Gründe können Ausschreitungen von Fans, die Nichteinhaltung vertraglicher Auflagen oder das Inbrandsetzen von Polizeiautos sein. Dann können Restriktionen sehr kurzfristig in Kraft treten, wie ein Zuschauerausschluss oder die spontane Verlegung des nächsten Spiels auf neutralen Platz. So wurde der Clásico Rosarino, das Derby zwischen Rosario Central und Newell's, zu meinem letzten Besuch 2018 ins 300 Kilometer entfernte Buenos Aires verlegt, ins Stadion von Arsenal de Sarandí – freilich ohne Zuschauer. Einige Fans reisten dennoch an und sorgten außerhalb des Stadions für Stimmung. Und dabei belasse ich es. Ganz ohne Spielbericht. Die Anzahl an Superlativen würde nicht ausreichen. Allen Interessierten empfehle ich, eine eigene Reise dorthin zu planen. Denn wer Buenos Aires nicht ehrt, hat den Fußball nie geliebt.

Iran

Gleich nachdem ich am Imam-Khomeini-Flughafen in Teheran angekommen war und die Einreiseprozedur hinter mich gebracht hatte, erwartete mich Arya im Abholbereich. Arya ist meine Kontaktperson eines Anbieters von Prepaid-Bankkarten. Ein Schild mit meinem Namen darauf muss er nicht hochhalten; er erkennt mich auch so sofort. Da internationale Kreditkarten im Iran aufgrund der Sanktionen nutzlos sind, ist es unausweichlich, ausreichend Bargeld für den gesamten Aufenthalt mitzubringen. Bei einem Marktkurs von 1 Euro zu 150.000 Rial bedeutet dies, dass man zwangsläufig bündelweise Geldscheine mit sich herumtragen müsste. Neuerdings ist es Touristen möglich, eine iranische Bankkarte zu erwerben, was den Alltag ungemein erleichtert. Aufgrund der hohen Inflation zahlen heute ohnehin viele Iraner bargeldlos. Selbst für Kleinigkeiten wie den Kauf einer Kugel Eis wird die Karte gezückt.

Ich hatte mich zuvor online registriert und zur weiteren Abwicklung nun meinen persönlichen Repräsentanten getroffen. Was jetzt geschieht, erinnert an einen dubiosen Deal aus einem schlechten Agentenfilm. Nach kurzer Begrüßung nehmen wir nebeneinander auf einer der Sitzbänke Platz. Arya klappt seinen Laptop auf und bittet mich, auf meinem Smartphone die entsprechende App zu installieren. Erledigt. Als nächstes frägt er mich, wieviel Geld ich auf die Karte laden möchte. Ich nenne einen Betrag in Euro und er tippt einiges in seinen Laptop ein. Der Betrag erscheint zeitgleich in meiner App. Den gewünschten Betrag übergebe ich ihm in bar und erhalte im Gegenzug die Plastikkarte (auf der bereits mein Name eingestanzt ist) und einen verschlossenen Umschlag mit der PIN. Damit wäre alles erledigt. Irgendwie ist mir die Sache aber etwas suspekt, und ich lasse ihn nicht gehen, bevor ich das ganze mal an einem Bankomaten getestet habe. Und siehe da: Ich kann ohne Gebühren Geld ziehen. Perfekt. Zudem gewährt mir die Karte den etwa dreimal besseren Marktkurs im Vergleich zum offiziellen Bankenkurs. Arya gibt mir noch seine WhatsApp-Nummer, denn er wäre für meinen gesamten Aufenthalt mein persönlicher Ansprechpartner. Ich komme aus dem Staunen nicht mehr heraus. Es war mittlerweile drei Uhr morgens und ich fragte, wo es denn zum Taxistand ginge. Da er ohnehin zurück in die Stadt müsse, könnte er mich mitnehmen. Ich nehme dankend an. Eine Stunde später setzt er mich vor der Haustür meiner Unterkunft ab und wartet, bis sich die Tür meines Gastgebers öffnet. Das nenne ich exzellente Kundenbetreuung.

Mein Gastgeber in Teheran heißt Mohamad und ist ein momentan arbeitsloser junger Journalist, den man getrost als regimekritisch bezeichnen könnte. Es gibt Gebäck und Tee. Es wird noch oft Gebäck und Tee geben auf dieser Reise. Wir plaudern ein Weilchen, und auch wenn ich schon ziemlich müde bin, wäre ich noch zu aufgekratzt, um gleich schlafen zu gehen. Am nächsten Morgen lautet das erste Gesprächsthema Fußball. Mohamad outete sich als Fan von Persepolis. Als ich meine Flüge ein paar Wochen zuvor gebucht hatte, war der Spielplan für den Rest der Saison noch nicht veröffentlicht. Aber das Schicksal meinte es gut mit mir: Wenige Tage vor meinem Abflug wurden die nächsten Spieltage terminiert, genau an meinem ersten Wochenende in Teheran sollte das Derby steigen. Dafür hatte ich bereits von zuhause aus einen anderen Kontakt im Lande bemüht, mir ein Ticket zu buchen (internationale Geldtransfers und Online-Buchungen aus dem Ausland sind ja nicht möglich). Es standen zwei Preiskategorien zur Auswahl (zu 1 oder 2 Euro) sowie natürlich die Wahl zwischen Rot (Persepolis) und Blau (Esteghlal). Ich entschied mich für die teurere Variante auf der blauen Seite. Und damit hatten wir

Eintrittskarte für das Teheran-Derby zwischen Persepolis und Esteghlal.

ein Diskussionsthema: Warum um alles in der Welt könnte ich mich auf die Seite Esteghlals schlagen? Natürlich habe ich keine wirkliche Präferenz, was die beiden großen Teams aus der Hauptstadt angeht, sondern hatte mich für meine Lieblingsfarbe entschieden. Aber ich spielte das Spiel erstmal mit: „Da ist immerhin Winnie Schäfer Trainer, und der ist schließlich einer von uns! Wir gewinnen bestimmt 2:0." Es ging noch ein bisschen hin und her, aber da ich keinen einzigen aktuellen Spieler beim Namen nennen konnte, war auch meinem Gastgeber schnell klar, dass ich nicht wirklich Ahnung vom iranischen Fußball habe. Wir einigten uns darauf, morgen gemeinsam ins Azadi-Stadion zu fahren, was mir sehr entgegenkam. Ich hatte schon viel davon gehört und gelesen, was dort immer für ein großes Chaos herrscht.

Spieltag. Ein sonniger Tag mit blauem Himmel und sehr angenehmen Temperaturen für Ende März. Wir machen uns früh auf den Weg – an der Story, dass die Leute mehrere Stunden vor Anpfiff das Stadion fluten, schien etwas dran zu sein. Mit der Metro bis zur Haltestelle am Stadion. „Am Stadion" ist relativ, von dort ist es noch ein ganzes Stück bis zu selbigem. Schnell auf Motorradtaxis umgesattelt, ohne Helm im Affentempo rauf auf die Autobahn, runter von der Autobahn, und schon sind wir in Sichtweite des Nationalstadions. Und ich habe den ersten Adrenalinschub hinter mir. Mein Buchungscode auf dem Handy wird gegen ein Papierticket getauscht und wir sind auf dem Weg zu den Einlasskontrollen. Davon gibt es mehrere Ringe ums Stadion. An der ersten wird meinem Begleiter ein Päckchen Spielkarten abgenommen, das er in der Hosentasche trug. Ich war verwundert. „Illegal in Iran", seine kurze Erklärung. Glückspiel ist hier verboten, und das fängt mit harmlosen Spielkarten an.

Neben meinem Ticket wollte ich noch das ein oder andere Souvenir erstehen, aber Sammlerartikel wie Pins oder Wimpel waren Fehlanzeige. Stattdessen wurden lustige Kasperlhüte und viel zu enge T-Shirts angeboten. Meine Wahl fiel schließlich auf eine rote und eine blaue Fahne, die ich in die Innentasche meiner Jacke stopfe (was mir fast zum Verhängnis werden soll). Spannend wird es ab der letzten Einlasskontrolle beim Betreten der Sektoren. Wir haben Tickets für unterschiedliche Bereiche. Mohamad diskutiert mit den Kartenabreißern. Er argumentiert damit, dass er den hilflosen Gast aus Deutschland nicht alleine lassen könne, meine Sicherheit wäre nicht gewährleistet und was für ein Bild das auf sein stolzes Land werfen würde. Nachdem das geklärt ist, er ein Upgrade für seine Seite bekommt und ich mich auf der „falschen" wiederfinde, wird uns gemeinsam Einlass gewährt. Eine weitere, letzte Leibesvisitation steht an. Der ausführende Bursche ist rabiat: Er will wissen, wass ich in meinen Taschen versteckt habe und reißt den Reißverschluss auf, bis dieser defekt ist. Das fühlt sich wie ein Überfall an und führt beinahe zu Tumulten bei den Umherstehenden. Selbstverständlich kommen beide Flaggen zum Vorschein, das ginge natürlich gar nicht – nächste Diskussionsrunde; wir obsiegen abermals. Ich kann beide Exemplare mit hinein und auch unversehrt nach Hause bringen.

Persepolis gilt als der Verein des einfachen Volkes, während Esteghlal (dt. Unabhängigkeit) eher der Ober- und Mittelschicht zugeordnet wird und vor der islamischen Revolution 1979 unter dem damaligen Namen „Taj" (Krone) eng mit dem Schah verbunden war. Noch sind es gut vier Stunden bis Anpfiff, als wir in der warmen Frühlingssonne unsere Plätze einnehmen. Und die heißt es gut zu sichern. Während einer geht, Getränke oder Snacks holen, hält der andere Stellung. Dass ich mal auf die Toilette muss, würde ich normalerweise nicht erwähnen, aber die etwa 1,80 Meter hohe Decke des Pissoirs macht den Besuch bei einer Körpergröße von 1,95 Meter zu einer akrobatischen Herausforderung, die ich ohne Hexenschuss meistern kann.

Zurück zum Wesentlichen: Das Stadion ist mittlerweile gut zur Hälfte gefüllt. Ab zwei Stunden vor Spielbeginn dann das, was ich als „voll" bezeichnen würde, wenn auch bis weit nach Anpfiff noch Leute hereinströmen sollten. Waren vor Jahren beim Derby noch offiziell 100.000 Zuschauer zugelassen, hat man die Zahl mittlerweile auf 80.000 begrenzt. Es dürften ein paar mehr gewesen sein. Zum Einlauf der Mannschaften präsentieren beide Seiten große Blockfahnen und es wird richtig laut. Statt melodischer Gesänge begrenzt sich der Support auf monoton wirkende Sprechchöre und mehr oder weniger rhythmisches Klatschen. Es ist ein kakofoner Klangteppich, der sich über das Stadion legt. Das

Bild, welches sich uns bietet, ist sehr beeindruckend. Die Aufteilung der Fans genau im Verhältnis 50:50, nur getrennt durch einen von Soldaten bevölkerten Pufferblock direkt unter den überlebensgroßen Portraits der beiden Ayatollahs auf Höhe der Mittellinie. Sowohl der Ober- als auch der Unterrang sind zum Bersten gefüllt.

Es entwickelt sich ein rasantes Spiel zweier gleichwertiger Mannschaften, gespickt mit sehr viel Emotionen. Um fast jeden Einwurf wird gestritten und bei Zweikämpfen mit Körperkontakt wird es ruppig. Die im Alltag so entspannten Perser drehen im Stadion so richtig am Rad. Genau das ist bis heute die Ausrede des Verbandes, warum Frauen immer noch keinen Zutritt erhalten: Es wird zu viel geflucht, davor müsse die weibliche Bevölkerung geschützt werden. Wie fürsorglich und gütig aber auch.

Nach zwanzig Minuten erzielt Persepolis das 1:0 und die Hälfte des Stadions scheint zu explodieren. Klar, beim Derby gegen den Erzrivalen in Führung zu gehen wird auch andernorts frenetisch gefeiert. Hier aber ziehen sich die Jubelstürme über mehrere Minuten, was gefühlt einer Ewigkeit gleichkommt. Die Freude ist immens und es dauert eine ganze Weile, bis auch beim Letzten das Lungenvolumen erschöpft ist und wieder etwas Normalität einkehrt. Der Schlagabtausch geht weiter hin und her, bis in der letzten Minute der ersten Halbzeit Esteghlal einen Elfmeter zugesprochen bekommt. Nicht erst jetzt fuchtelt Winnie Schäfer am Spielfeld wie ein Berserker um sich. Er hat einen Assistenten zur Seite, dessen Aufgabe es wohl ist, seine Kommandos zeitnah ins Persische übersetzt herauszubrüllen. Und wie zu erwarten, vergehen gut fünf Minuten vom Pfiff des Schiedsrichters bis zur Ausführung des Strafstoßes. In freudiger Erwartung toben jetzt die Blauen auf den Rängen. Doch Estghlal verschießt und die Roten übernehmen wieder die akustische Oberhand. War das schon die Vorentscheidung? Erstmal Halbzeitpause.

Von all den Eindrücken übermannt, verging die Zeit für mich so schnell wie selten bei einem Spielbesuch. Ich wünschte, es könnte noch den ganzen Nachmittag so weitergehen. Mohamad macht sich nochmals auf, etwas zu trinken zu holen. Ich bleibe lieber am Platz, denn ich möchte keine Minute des Spektakels verpassen. Erst nach knapp einer halben Stunde kommt er mit zwei Pappbechern Tee in den Händen wieder. In der zweiten Halbzeit passiert nicht allzuviel, ein paar mittelprächtige Chancen hier und da, ein paar gelbe Karten obendrauf. Es bleibt beim 1:0 für Persepolis, die als Derbysieger vom Platz gehen. Die blaue Hälfte des Stadions leert sich im Rekordtempo, während die Roten den Sieg noch ausgiebig feiern. Winnie Schäfer war im Handumdrehen in den Katakomben verschwunden. Wir haben es bewusst nicht eilig und lassen die Massen abziehen. Den Weg zurück zur Metro absolvieren wir dann zu Fuß und kommen ganz entspannt wieder am Quartier an. Ich bin erschöpft und gleichzeitig aufgekratzt ob der begeisternden Eindrücke. Was für ein Auftakt zur dreiwöchigen Reise. Und das war erst mein zweiter Tag im Lande. Die nächsten Tage verbringe ich damit, Teheran zu erkunden, und werde im Gegensatz zum Vorurteil, dass dieser Moloch nicht viel zu bieten hätte, immer wieder positiv überrascht.

Mein nächstes Ziel lautet Shiraz, für die Fahrt dorthin wähle ich den Nachtzug. Auch die iranische Eisenbahn bietet verschiedene Klassen und Optionen, ich entscheide mich für ein Bett im Schlafwagen im Viererabteil. An meinem reservierten Platz finde ich ein Gedeck, bestehend aus Kuchen, Obst, Nüsschen und einer Flasche Wasser vor. Der Kellner serviert heißen Tee im Porzellangeschirr. Alles inklusive. Und das ist nicht einmal die erste Klasse. Der Zug ist noch ganz neu und selbstverständlich picobello in Ordnung. Meine beiden Mitreisenden sind zwei junge Iraner, die keine Fremdsprachen beherrschen, ebensowenig, wie ich des Farsi mächtig wäre. Nach Einbruch der Dunkelheit verlassen wir Teheran. Auf dem Videoscreen im Abteil wird ein iranischer Kinderfilm gezeigt, der an die tschechischen Produktionen aus den Siebziger- und Achtzigerjahren erinnert. Es geht früh zu Bett. Nach einer angenehmen Fahrt erreichen wir am nächsten Morgen Shiraz, wo mich Hossein bereits erwartet. Hossein wird für die nächsten Tage mein Gastgeber sein. Für die gesamten drei Wochen meiner Rundreise habe ich mich entschlossen, keine Hotels zu buchen, sondern ausschließlich privat unterzukommen. Dank der vorangeschritten Digitalisierung im Iran gestaltet sich das einfach.

Persepolis gegen Esteghlal im Teheraner Azadi-Stadion.

Zwar sind nahezu alle uns vertrauten Apps und Kanäle blockiert (da meist amerikanischen Ursprungs), aber entsprechende Klone mit englischsprachiger Nutzerführung frei verfügbar. So lassen sich überall günstig Gästezimmer oder Taxis buchen. Meine Unterkunft befindet sich in einem Dorf, etwa eine halbe Stunde außerhalb der Stadt. Ich wollte etwas von der Lebensrealität auf dem Land erfahren. Hossein arbeitet als Englischlehrer und wohnt noch bei seinen Eltern. Selbiges gilt für seine Schwester (Studentin) und seinen Bruder (Friseur). Ich werde freundlich empfangen und gefüttert. Wie im Iran üblich, wird der Gast fürstlich bewirtet. Gespeist wird am Boden sitzend. Auf dem großen Teppich im Wohnzimmer wird eine Decke ausgerollt, meist kommt eine Plastikfolie darüber, bevor von den Frauen Speisen und Getränke serviert werden. Wir lernen uns kennen, und Hossein hilft beim Übersetzen. Innerhalb weniger Tage werde ich im Dorf bekannt sein wie ein bunter Hund. Hossein nimmt mich mit in die Schule, wo sich auch während der Ferien Schüler in Lerngruppen treffen. Auf Englisch plaudern wir ein wenig über Anzahl der Geschwister, Berufswünsche und Hobbies. Beim Thema Fußball angelangt, ist das Eis endgültig gebrochen, und die Jugendlichen beginnen untereinander ihre jeweiligen Lieblingsvereine in englischer Sprache hochzuloben. So geht Unterricht! Das Familienoberhaupt meiner Gastgeber ist leidenschaftlicher Persepolis-Fan und lässt sich im Fernsehen kein Spiel entgehen. Im Stadion in Teheran war er noch nie. Umso größer ist seine Freude, als ich im von meinem Besuch inklusive Derbysieg erzähle. Er ist schon pensioniert, betreibt aber nebenbei noch eine kleine Viehzucht am Rande des Dorfes. Das müsse ich mir unbedingt mal ansehen. So wandern wir hinaus zum kleinen Bauernhof. Unterwegs werde ich sämtlichen Nachbarn vorgestellt, sodass sich der kleine Spaziergang in die Länge zieht. Am Hof werden eine Handvoll Kühe und Ziegen gehalten. Als Stallbursche beschäftigt er einen jungen Afghanen, der dort zusammen mit seiner Frau und den beiden Kindern in einem der Lehmbauten lebt. Mit großem Stolz präsentiert er mir jedes Tier und jeden Stall des Betriebes. Das ganze Ambiente wirkt sehr archaisch, nichts Neues oder Modernes. Es muss ein einfaches, entbehrungsreiches Leben sein, welches sie hier führen.

Als ich meine Reise plante, achtete ich darauf, dass ich nicht ausgerechnet während Nouruz, dem persischen Neujahrsfest, einreise. Das dreitägige Fest bringt nämlich das gesamte Land mehr oder weniger zum Erliegen. Zum einen schließen die Geschäfte und Restaurants, zum anderen machen sich Millionen von Menschen auf den Weg nach Hause und verursachen ein mittleres Verkehrschaos. Das war jetzt zwei Wochen her, aber es stand schon der nächste große Feiertag an: Sizdah Bedar. Und den hatte ich nicht auf dem Plan. Gefeiert wird der Frühlingsbeginn und das Leben an sich – mit einem Familien-Picknick im Grünen. Es geht hinaus ins Landhaus des Onkels und ich werde eingeladen, mitzukommen. Da meine Gastgeber über kein eigenes Auto verfügen, werden die Familienmitglieder auf die Fahrzeuge der Verwandschaft verteilt. Ich darf beim Vater mitfahren, dessen alter 30-Tonner auch mal wieder bewegt werden müsse. Wie ich erfahre, war er mal Fernfahrer. Vom Kaspischen Meer bis zum Golf von Oman kenne er fast jede Ecke des Landes. Der fünfzig Jahre alte Mercedes-Benz-Diesel steht seit ein paar Jahren meist ungenutzt herum, und darf heute mal wieder raus auf die Straße.

Festmahl zum Frühlingsfest bei der Gastfamilie des Autors.

Gut dreißig Mitglieder der erweiterten Familie finden sich ein. Die Stimmung ist ausgelassen und fröhlich. Während sich die Frauen um die Zubereitung von Salaten, Soßen und Nachspeisen kümmern, sind die Männer fürs Grillen und Shisha-Rauchen zuständig. Es wird ein Festmahl vom Feinsten, welches sich über mehrere Stunden hinzieht. Ich fühle mich wie der verlorene Sohn, der endlich zur Familie zurückgekehrt ist.

Natürlich nehme ich auch mal den Bus nach Shiraz, um mir dort die beeindruckenden Bauwerke und Gärten anzusehen. Endlich steht auch wieder ein Fußballspiel an: Der Zweitligist Fajr Sepasi soll diversen Quellen zufolge sein nächstes Heimspiel im großen Pars-Shiraz-Stadion am Stadtrand austragen. Ein Taxi kostet nicht viel und so mache ich mich auf den Weg. Doch dort angekommen, stehen wir vor verschlossenen Toren. Die Eingänge zu den großräumig angelegten Parkplätzen sind verriegelt. Trotzdem schiebt ein Parkwächter dort Dienst. Zwischen ihm und meinem Chauffeur entwickelt sich ein etwas längeres Gespräch, was mich nervös macht, da ja die Zeit drängt. Letztendlich aber mit der Erkenntnis, dass wohl im kleinen Shahid-Dastgheib-Stadion in der Innenstadt gespielt wird, nur zwei Blocks entfernt von der Stelle, wo ich zwanzig Minuten zuvor das Taxi betreten hatte. Tja, so ist das manchmal. Wir treffen noch rechtzeitig vor Anpfiff ein, Eintrittsgeld wird auch keines verlangt. Die Partie gegen die Gäste von Baadraan lockte etwa 400 Zuschauer an, die sich größtenteils auf der Tribüne entlang der Längsseite einfinden. Ein paar Banner werden gehisst, und mit Trommeln, Glöckchen und ein paar Gesängen auch für etwas Stadionatmosphäre gesorgt. Nur das Gebolze auf dem Platz sorgt für Langeweile. Als dann auch noch ein kurzer, aber heftiger Regenschauer einsetzte, haben rund die Hälfte der Zuschauer den Veranstaltungsort verlassen. Ich bleibe bis zum bitteren Ende und werde mit einem leistungsgerechten 0:0 belohnt. Einen größeren Kontrast zum wenige Tage zuvor besuchten Hauptstadt-Derby hätte es kaum geben können.

Zurück im Dorf gönne ich mir im Friseursalon des Bruders noch eine Nassrasur samt Kopfmassage, und lerne ein paar freundliche Zoroastrier kennen, die unweit ein kleines Café betreiben. Sie sind Anhänger einer alten, in Persien beheimateten Religion, die vor rund eintausend Jahren zu den größten der Welt gehörte. Heute gehören sie zu einer selbst im islamischen Gottesstaat respektierten Minderheit. Apropos Altertum: Einen Ausflug ins historische Persepolis, der Hauptstadt des antiken Perserreichs, sollte man nicht auslassen, wenn man schon einmal in der Gegend ist. Reisebüros in Shiraz bieten Tagesausflüge ab 30 Euro aufwärts an, was ich zunächst für angemessen erachte. Hossein kennt aber die Taxifahrer seines Heimatdorfes und heuert einen Bekannten an, der uns für sieben Euro den ganzen Tag herumkutschieren wird. Zudem begleitet er mich, sodass ich ohne Aufpreis einen fachkundigen Tour Guide mit besten Englischkenntnissen an der Seite habe. Nach einem weiteren erlebnisreichen Tag besuchen wir am Abend die örtliche Turnhalle, wo ein Hallenfußballspiel ausgetragen wird. Dort treffe ich wieder auf meine Englischschüler, die gegenüber ihren Altersgenossen mächtig damit angeben, dass sie mich schon kennen.

Nach fünf Tagen Landleben mit schönen Ausflügen und vielen Erlebnissen sollte meine Reise auch weitergehen. Pro Übernachtung waren knapp zehn Euro vereinbart. Vollverpflegung, Rundum-Betreuung und Fahrdienste inklusive. Da ich mit allem sehr zufrieden war und mich sehr wohl gefühlt habe, runde ich den Endbetrag großzügig auf. Und nun beginnt das, was man in der iranischen Kultur „Taarof" nennt. Eine regelrechte Zeremonie, in der es darum geht, seinem Gegenüber möglichst viel Höflichkeit und Respekt zu zollen, zum Beispiel durch das Abweisen von Trinkgeldern oder das Aufdrängen von Geschenken. Die von mir auf den Tisch gepackten Geldscheine werden hin und hergeschoben und es dauert eine ganze Weile, bis ich aufstehe und mein Angebot letztendlich akzeptiert wird. Selbst in kommerziell geführten Cafés oder Eisdielen wurde mir das Bezahlen nicht immer leicht gemacht, was manchmal in einer gratis Extraportion als gesichtswahrender Kompromiss endete. Selbst Taxifahrer bilden dabei keine Ausnahme.

Es ging in die Oasenstadt Yazd, wo ich meine Schulden bei Ali begleichen wollte. Ali war derjenige, der mir unbekannterweise nicht nur die Karte für das Teheran-Derby gebucht, sondern auch noch die Kosten für die Zugfahrt nach Shiraz vorgestreckt hatte. Zugtickets lassen sich übrigens vorab auch aus dem Ausland kaufen, aber eben zum dreimal höheren Preis, als das im Land möglich ist. Ali arbeitet als Reiseführer und wollte mich am Busbahnhof treffen, wo er aber zu meiner Ankunft nicht erschien. Er schrieb mir, er sei auf einer Tour. Seine Frau würde mich abholen kommen. Moderne Zeiten im traditionellen Islam, denke ich mir

Zu Gast bei Sepahan, der Macht aus Isfahan.

noch, als sie schon erscheint. Auch sie ist im Tourismus tätig und spricht ausgezeichnet Englisch, obwohl sie noch nie im Ausland war. Unterwegs halten wir an einem der vielen Obst- und Gemüseläden, um Zutaten fürs Essen zu besorgen. Jetzt bin ich mitten im strengen Iran allein mit einer verheirateten Frau im Auto unterwegs und werde nach Hause eingeladen. Es ist ein merkwürdiges Gefühl, das mich beschleicht und sich irgendwie verboten anfühlt. In diesem Staat möchte ich noch weniger als sonstwo mit dem Gesetz in Konflikt geraten. Zuhause angekommen, bekomme ich einen frisch gepressten Karottensaft mit einer Kugel Vanilleeis serviert. Klingt komisch, ist aber so. Und schmeckt. Wir unterhalten uns über dies und das, als endlich auch der Herr des Hauses eintrifft. Ich erkläre, dass ich bereits anderswo ein Zimmer in Yazd gebucht hatte und da hin müsse. Aber nein, ich könne doch bei ihnen übernachten, es wäre ihnen eine Ehre und so weiter. Wir spielen also eine Runde Taarof, bevor ich mich geschlagen gebe und meinen anderen Gastgebern telefonisch absage. Die beiden sprudeln nur so von Ideen und praktischen Tipps für meinen weiteren Aufenthalt. Es ist eine wahre Freude und endet letztlich darin, dass ich zu meinem nächsten Ziel Isfahan nicht einfach den direkten Bus nehmen würde, sondern mit jemandem aus Alis Team eine dreitägige Wüstentour unternehme. Genau die richtige Entscheidung, ansonsten wäre ich wohl nicht in den Genuss dieser fantastischen Landschaften und Oasendörfer gekommen. Die Tour endet praktischerweise direkt vor der Haustür meiner nächsten Gastfamilie in Isfahan.

Auch dort läuft im Fernsehen das persische Programm von BBC World und man schaut über Satellit persischsprachige Sender aus Kanada, Frankreich und Großbritannien. Das ist nicht erlaubt, wird aber geduldet. Hin und wieder werden die Frequenzen gestört und es kommt zu mehrstündigen Ausfällen. Ähnliches gilt für das Internet, wo die meisten ausländischen Apps, Webseiten und Nachrichtenportale blockiert sind, man sich aber mittels VPN dennoch Zugang verschafft. In den eigenen vier Wänden höre ich viel Kritisches über das Regime. Mir gegenüber sprechen meine Gastgeber bestimmt offener, als sie das in der Öffentlichkeit tun würden. Einen repräsentativen Querschnitt bilden meine Erfahrungen kaum ab, da ich es meist mit gebildeten, westlich orientierten Menschen mit guten Fremdsprachenkenntnissen zu tun hatte, die sich nicht scheuen, im Graubereich der privaten Beherbergung ausländischen Touristen Zimmer anzubieten. Andererseits muss ich zugeben, dass ich dort, wo ich am ehesten ein streng konservatives Weltbild erwartet hätte, nämlich in den Moscheen, meist sehr zuvorkommend und offen empfangen wurde. In Kashan beispielsweise hat mich der Imam höchstpersönlich durch sein Gotteshaus geführt und alles im Detail erklärt. Respekt selbst gegenüber Andersgläubigen zu zeigen, läge ihm sehr am Herzen. Zum Abschied überreichte er mir als Geschenk sogar einen Rosenkranz.

Wie kaum eine andere Stadt im Mittleren Osten strahlt schon der Name Isfahan in meinen Ohren den Klang von Tausend und einer Nacht aus. Trotz seiner Größe ist es ein wahrlich märchenhafter Ort mit äußerst imposanten Moscheen, Bauwerken und Parkanlagen geblieben. Alles geht einen ruhigen, entspannten Gang und die Menschen sind auch hier höflich und zuvorkommend. Mit Sepahan beherbergt die Metropole einen der größten und beliebtesten Fußballclubs des Landes. Und beim Fußball geht es im Gegensatz zum Alltagsleben schon mal etwas rauer zu. Das gilt auch für das so friedlich wirkende Isfahan. Das in der Einöde vor der Stadt gelegene Naghsh-e-Jahan-Stadion bietet 75.000 Besuchern Platz; die Anreise dorthin gestaltet sich etwas chaotisch. Viele Straßen werden abgesperrt, es kommt zu langen Staus, hunderte Mopeds drängeln sich in halsbrecherischer Manier durch die Menschenmassen. Da es kurz zuvor noch geregnet hatte, wird der Fußmarsch durch den matschigen Lehmboden auf dem letzten Kilometer zur reinsten Schlammschlacht. Welche Tickets es an welchen Kassenhäuschen gibt, ist mir zunächst unklar. Letztlich entscheide ich mich für die teuerste Option zu zwei Euro und finde mich auf Höhe der Mittellinie wieder. Zu meiner positiven Überraschung füllt sich der Gästeblock mit gut 10.000 Esteghlal-Fans, die damit etwa ein Fünftel der Zuschauerzahl stellen. Dass sich beide Seiten nicht sonderlich wertschätzen, war mir Vorfeld nicht bewusst, wird aber schnell deutlich. Kopf-ab-Gesten und Wurfgeschosse in den gegnerischen Block unterstreichen die lautstarken Pöbeleien auf beiden Seiten. Noch hat das Spiel nicht begonnen. Zum Einlaufen der Mannschaften präsentiert der harte Kern der Sepahan-Fans, der sich genau gegenüber in der Mitte der Gegengeraden versammelt, eine Blockfahne umrahmt von einer kleinen Pyroshow. Die Stimmung ist zu diesem Zeitpunkt schon ziemlich am Kochen. Links von mir in der Kurve der imposante Auftritt der Gästefans, rechts von mir ein weiterer lautstarker Mob der Heimseite. Man schenkt sich nichts. Das gilt auch für das Geschehen auf dem Platz, wo sich ein unterhaltsamer Schlagabtausch der beiden Teams entwickelt, untermalt von zahlreichen gelben Karten, dem ein oder anderen Handgemenge und diverser Rudelbildungen. Noch spannender aber wird es auf den Rängen. Neben etwas Rauch werden hin und wieder Böller gezündet und Leuchtraketen abgefeuert, die teilweise auf dem Spielfeld niedergehen. Da ist einiges an Leidenschaft und Aggression im Spiel. Auch Winnie Schäfer an der Seitenlinie läuft wieder auf Hochtouren. In der fünften Minute der Nachspielzeit erzielt Estghlal den erlösenden Siegtreffer zum 1:0-Auswärtssieg, was den Gästeblock freilich komplett zum Ausrasten bringt. Es ist mittlerweile dunkel geworden und ich bin froh, dass die beiden Fangruppen draußen nicht aufeinandertreffen sollen. Mit den Ordnungskräften ist hierzulande nicht zu spaßen, und diese haben auch alles im Griff. Mir reicht schon das Waten durch den knöcheltiefen Schlamm, um wieder zur nächsten Straße zu gelangen und mit dem nächstbesten Minibus meine Fahrt zurück zum Quartier anzutreten.

Ein Spielbesuch im Iran zeichnet mitunter also ein völlig anderes Bild als das, was das Land eigentlich ausmacht: eine Liebenswürdigkeit und Gastfreundschaft, wie man sie in diesem Ausmaß wohl nirgendwo anders antrifft.

Saudi-Arabien

Noch wenige Monate zuvor hätte ich nicht zu träumen gewagt, überhaupt einmal ins Königreich Saudi-Arabien reisen zu können. Bislang waren – von einigen wenigen Ausnahmen mal abgesehen – Einreise beziehungsweise Aufenthalt lediglich Geschäftsreisenden, muslimischen Pilgern sowie billigen Arbeitskräften (vor allem Bauarbeitern aus Südasien und Kindermädchen aus den Philippinen) vorbehalten. Im Rahmen der vom Königshaus ausgerufenen ambitionierten „Vision 2030“ war es seit Ende September 2019 möglich, sich über ein offizielles Online-Portal unkompliziert und schnell ein elektronisches Visum für touristische Aufenthalte ausstellen zu lassen. Gerade als ich anfing, mich näher mit dem Thema zu beschäftigen, traf von Stefan aus München auch schon die Anfrage ein, ob ich an einer gemeinsamen Reise Interesse hätte. Es dauerte nicht lange, bis wir uns auf Termine und Flüge einigten.

So ging es also im Dezember 2019 von Heiligabend bis Silvester für einen Kurzbesuch nach Riad, welches gut acht der 34 Millionen Einwohner Saudi-Arabiens ihr Zuhause nennen. Die Aussicht, mit zu den ersten touristischen Besuchern zu gehören, faszinierte uns ungemein. Praktische Informationen über mögliche Reiseziele, den Transport dorthin oder gar zu Öffnungszeiten und Eintrittspreisen waren spärlich gesät und, sofern vorhanden, unzuverlässig. Im Nachhinein bin ich auch froh, dass wir uns gegen einen Mietwagen entschieden haben: Das haarsträubende Drängeln und rücksichtslose Schneiden und Ausbremsen im Stadtverkehr hätte mich in den Wahnsinn getrieben. Die Uber-App hingegen läuft problemlos und so überließen wir diesen Stress unseren jeweiligen Fahrern. Die Stadt ist nicht gerade fußgängerfreundlich angelegt und die Entfernungen mitunter enorm. Es wird zwar fleißig an Fahrbahnen für Schnellbuslinien und an einer Untergrundbahn gebaut, doch aktuell gibt es noch kein funktionierendes Nahverkehrsnetz. Somit blieben Taxis unsere einzige Option zur Fortbewegung.

Riad ist eine sehr flache Stadt, wo bislang eher in die Breite als in die Höhe gebaut wurde. Platz ist ja reichlich vorhanden. Nur an der Hauptschlagader entlang einer Nord-Süd-Achse entstehen moderne Wolkenkratzer. Viele davon wurden erst in jüngerer Vergangenheit fertiggestellt, noch mehr befinden sich im Bau, andere noch in der Planung. Begibt man sich auf die Aussichtsplattform des Kingdom Towers, des mit 99 Stockwerken und über 300 Metern momentan höchsten Wahrzeichens Riads, bietet sich ein Blick auf ein ockerfarbenes Meer aus Flachbauten, das sich bis über den Horizont hinaus ausdehnt, bevor es dort draußen mit der Wüste verschmilzt. Das Stadtbild ist ein völlig anderes als die kompakten Skylines und Glitzerfassaden aus Dubai oder Doha. Im Gegensatz zu den Metropolen am Persischen Golf, die ihren unendlich scheinenden Reichtum prominent zur Schau stellen, wirkt Riad bescheiden. Anders als in den diversen Emiraten gewann ich den Eindruck, dass in Riad nicht jeder ein Ölscheich und/oder Multimillionär wäre. Es gibt eine breite Mittelschicht ganz normaler Bürger, die gewöhnlichen Berufen nachgehen – wie überall sonst auf der Welt. Und wie überall sonst werden billigere Arbeitskräfte aus dem Ausland angeworben. Auch in Saudi-Arabien sind das meist Arbeiter und Dienstleister aus Indien und seinen Nachbarländern: Taxifahrer zum Beispiel. Vorsorglich trug ich immer die Visitenkarte unseres Hotels in arabischer Schrift bei mir, um abends ohne größere Komplikationen dorthin zurückkehren zu können. Kompliziert wurde es einmal, als uns ein Chauffeur auf Englisch mit starkem Akzent erklärte „Sorry, I don't read Arabic." Da ging es ihm nicht anders als uns. Also schnell das Handy rausgekramt, um nachzusehen, wie der Name unserer Straße in englischer Transkription lautete. Damit begann schon die nächste Herausforderung: Die Übertragung arabischer Straßennamen in lateinische Buchstaben wird alles andere als einheitlich gehandhabt. Und beherrscht man die korrekte Aussprache nicht, ist man schnell auf dem Holzweg.

Nicht einmal, wie unser Viertel heißt, wissen wir. Wir orientieren uns per Karten-App und lotsen unseren Fahrer in die richtige Himmelsrichtung. Während wir jede Kreuzung, die wir wiedererkennen, euphorisch bejubeln, kommen wir über die Routenplanung hinaus ins Gespräch. Er sei Pakistaner und erst seit zwei Jahren hier. Zuhause Hochschulabschluss, hier Taxifahrer. Mit der mündlichen Kommunikation auf Arabisch käme er schon einigermaßen klar, aber zu lesen hat er die Schrift bislang noch nicht gelernt: „It's crazy!", wie er meint. Die Umgebung wirkt mittlerweile immer vertrauter, wir befinden uns jetzt auf dem richtigen Weg. Als wir auf die Zielgerade einbiegen, beginnt er von seinem Lieblingslokal zu schwärmen, das gleich hier um die Ecke wäre, quasi fußläufig von unserem Hotel zu erreichen. Beste pakistanische Küche, fast wie bei Muttern zuhause. Na dann, ich lasse mir den Namen und Anschrift der Restaurantempfehlung aufschreiben (in lateinischen Buchstaben!) und bedanke mich für die Fahrdienste. Tags darauf sollte die Gaststätte einem Test unterzogen werden. Gefunden haben wir sie auch gleich. Vom Ambiente her eher wie eine Arbeiterkantine: zweckmäßig eingerichtet, viel Betrieb, gemeinschaftliche Tischbelegung, das obligatorische Handwaschbecken im Speiseraum und die Kasse am Ausgang. Und das Essen? Mit Abstand das beste während der gesamten Woche unseres Aufenthalts. Gerade jetzt würde ich dort gerne wieder einkehren.

Wenn man sich nicht jeden Tag die Zeit in einer Shopping Mall vertreiben möchte, bleiben eine Handvoll Sehenswürdigkeiten und Attraktionen, wobei eine touristische Infrastruktur noch nicht vorhanden ist und üblicherweise keine Öffnungszeiten publiziert sind. Die Tatsache, dass viele Einrichtungen erst ab 16 Uhr öffnen, mag den vor allem im Sommer sehr hohen Temperaturen geschuldet sein. Während das Thermometer dann nicht selten an der 50-Grad-Marke kratzt, ist es im Winter bei 20 bis 25 Grad tagsüber und kühlen 10 bis 15 Grad nachts wesentlich erträglicher. Der Zugang zum historischen Murabba-Palast blieb uns selbst nach mehreren Anläufen verwehrt. Grund dafür war ein „VIP Food Festival" sowie die Vorbereitungen hierfür. Teilnehmen durften wir daran nicht. Viel schlimmer aber wäre gewesen, wäre der Ball nicht gerollt. Und es war kein Zufall, dass wir unseren Kurzbesuch so legten, dass bequem zwei Partien der saudischen Premier League darin Platz fanden.

28. Dezember 2019 / Al-Shabab – Al-Ahli 1:0 / Prince Faisal bin Fahd bin Abdulaziz Stadium / 11.746 Zuschauer

Um sicher zu gehen, dass wir in Sachen Länderpunkt rechtzeitig am richtigen Ort sein würden, machten wir uns sehr frühzeitig auf den Weg. Vereinzelt waren vor Ort ein paar Fans zu sehen:

die einen in grün-weiß, die anderen in schwarz-weiß. Die Kassenhäuschen waren ebenfalls schon geöffnet. Eintrittskarten gab es ganz unkompliziert für 20 Riyal (5 Euro) zu erwerben und man konnte sich mit Ausnahme der „Family Section" seinen Platz frei aussuchen. „Family Section" beschreibt wie auch in Restaurants oder vielen anderen öffentlichen Einrichtungen den Bereich, in dem sich Frauen in Begleitung eines männlichen Vormunds (also Ehemann, Vater oder Bruder) aufhalten dürfen. Der Stadionbesuch bietet somit allen etwas Freiraum, der ansonsten so eingeschränkt ist: Öffentlich singen oder tanzen ist nämlich tabu – und das gilt ausnahmsweise nicht nur für Frauen.

Es war noch ausreichend Zeit bis zum Anpfiff und gleich auf der anderen Seite des Stadiongeländes machten wir einen großen Park aus. Dort ließe sich die Zeit angenehmer vertrödeln als in den staubigen Straßen. Doch weit gefehlt: Es handelte sich beim King Abdullah Park um einen „Family Park" und jetzt durften wir mal erleben, wie es sich anfühlt, wenn einem allein aufgrund seines Geschlechts der Zutritt verwehrt wird. Allein herumstreunende Männer haben dort nämlich nichts verloren. Frauen und Kinder zuerst, und Männer eben nur in Begleitung ihrer Ehefrau. Ein unerwarteter Perspektivwechsel, der mich eher nachdenklich als verärgert zurückließ. Im Nachhinein bin ich über diese Erfahrung sogar dankbar. Stattdessen suchten wir eine Imbissbude auf, wo uns aber die Bestellung einer kleinen Zwischenmahlzeit vor fast unüberwindbare Hürden stellte. Eigentlich stellen Sprachbarrieren kein größeres Problem dar, wenn ich auf etwas in der Auslage oder in der bebilderten Speisekarte zeige – selbst wenn ich die Sprache nicht beherrsche und mir nicht sicher sein kann, was sich denn exakt im jeweiligen Topf verbirgt. Es kommt zumindest etwas auf den Teller, was in den meisten Fällen genießbar ist. Hier aber wurde jeder geäußerte Wunsch gleich mit mehreren Rückfragen auf Arabisch gekontert, was uns ratlos dastehen ließ. Das mögen Banalitäten oder Standardfragen wie „große oder kleine Portion?" oder „mit Salat oder Pommes?" gewesen sein, half uns aber in der Situation nicht weiter. Die Stimmung auf beiden Seiten war schon etwas angespannt, wenn nicht sogar gereizt. So lange, bis sich plötzlich ein anwesender Gast einmischte, der ein wenig

Spieltag in der Saudi Premier League: Al-Shabab gegen Al-Ahli.

des Englischen mächtig war. Was wir denn möchten, fragte er, er könne helfen. Da ich aber nicht wusste, wie die einzelnen Gerichte hießen, deutete ich der Einfachheit halber einfach zum Nachbartisch und erwiderte „Zweimal das, was die da haben, und dazu Tee, bitte". Gesagt, getan. Und schon vernahm man die Erleichterung aller Beteiligten im Raum. Das allgemeine Stirnrunzeln wandelte sich in ein breites Lächeln. Wohlgemerkt, das Land hatte sich erst ein paar Wochen zuvor dem Tourismus geöffnet und Diplomaten oder ausländische Geschäftsleute waren in diesem einfachen Lokal sicherlich noch nie zu Gast gewesen. Und dann kommen auf einmal welche daher, die nicht einmal die Sprache können. Nach unserem kleinen Imbiss und der damit verbundenen Komik war es an der Zeit, uns wieder Richtung Stadion aufzumachen.

An den Kassenhäuschen bildeten sich mittlerweile lange, aber disziplinierte Schlangen. Keinerlei Gedränge, womit es auch zügig voran ging. Wir hatten unsere Tickets ja schon besorgt und begutachteten stattdessen erstmal die auf dem Boden ausgebreiteten Fan-Devotionalien der Souvenir-Händler: Fahnen, gestreifte Polyesterschals, Schlüsselanhänger, Perücken und „lustige“ Hüte. Wichtigste Erkenntnis: Al-Ahli sind die grünen, Al-Shabab die schwarz-weißen. Also dann, rein ins Stadion. Die Al-Ahli-Fans versammelten sich hinterm Tor, während die Schwarz-Weißen auf der Längsseite Platz nahmen, was wir der besseren Sicht wegen ebenso taten. Damit war auch klar, dass Al-Shabab zumindest für die folgenden neunzig Minuten unser Team sein sollte. Die Anstoßzeit ist so gewählt, dass sie kurz nach Ende des Abendgebetes nach Sonnenuntergang liegt, was aufgrund der strengen Regeln diesbezüglich auch sinnvoll ist. So müssen zum Beispiel Läden und Restaurants während der Gebetszeiten für etwa eine Viertelstunde schließen. Das gilt auch für die im Vergleich zu anderen arabischen Ländern außerordentlich zahlreich vertretenen amerikanischen Fast-Food-Läden. Die Einheimischen wissen natürlich Bescheid und richten sich danach. Wir aber schauten nicht wenig blöd aus der Wäsche, als man uns einmal beim Genuss frittierter Hähnchenteile aus der Pappschale plötzlich mit herunterfahrenden Rollläden überraschte und das Licht auf ein Minimum dimmte. Gestört hat sich von den Bediensteten an unserer Anwesenheit niemand; beachtet wurden wir ebensowenig. Nach wenigen Minuten gehen die Jalousien wieder hoch, das Licht wieder an, und alles seinen gewohnten Gang.

Zurück zum Fußball. Der gastgebende Al-Shabab FC ist der älteste Fußballclub des Landes, wurde 1947 gegründet, gewann als einziger dreimal in Folge die Meisterschaft und hat im Laufe seiner Vereinsgeschichte schon zweimal die Vereinsfarben gewechselt: Man begann einst in grün-weiß, entschied sich dann für orange-blau und ist mittlerweile bei schwarz-weiß angekommen. Der heutige Gast aus Dschidda, der Al-Ahli Sport Club, zählt zu den beliebtesten Vereinen Saudi-Arabiens, was wohl auch erklärt, warum sich die Hälfte der anwesenden Zuschauer an diesem Abend auf seine Seite schlug (dass für dieses Ligaspiel knapp 5.000 Gästefans tausend Kilometer angereist sein sollten, halte ich für eine gewagte These). Nachdem das Abendgebet grüppchenweise in den Fluren des Stadions absolviert worden war, konnte die Partie beginnen. Ich war positiv angetan ob des Zuspruchs und der Atmosphäre im 28.000 Zuschauer fassenden, größtenteils unüberdachten Stadion. Viel über den saudischen Fußball wusste ich nicht und meine Erwartungen waren ziemlich niedrig angesetzt. Beide Teams wurden lautstark mit Gesängen und Klatscheinlagen unterstützt. Bemerkenswert waren vor allem die nubisch anmutenden Rhythmen, die auf unserer Seite von einer Gruppe junger Männer mit Handtrommeln intoniert wurden. Auch optisch erschienen mir die Shabab-Fans nicht als stereotype Araber. Bald schon ließ man mich wissen, dass Shabab vor allem bei den hier lebenden Sudanesen beliebt sei. Warum das so ist und wie diese Verbindung zustande kam, konnte ich leider nicht klären.

Die weißen Löwen – das ist der Spitzname von Al-Shabab – erzielten Mitte der ersten Hälfte den Führungstreffer. Torschütze war ein Kolumbianer, dessen Namen ich noch nie gehört hatte. Nicht verwunderlich, da Danilo Moreno Asprilla sich bislang mit Engagements in Bulgarien und Abu Dhabi begnügen musste, bevor er nach Riad kam. Ich hatte bei Spielbesuchen in Südamerika schon des öfteren den Eindruck gewonnen, dass jeder, der nur halbwegs gut kicken kann, sich fern der Heimat vermitteln lässt, um dort etwas mehr Geld als zuhause zu verdienen. Bei diesem einen Tor sollte es leider auch bleiben. Zumindest war die Angst vor einer drohenden Nullnummer abgewendet und auch sonst war ich sehr glücklich über meine erste Erfahrung mit einem Spielbesuch in der saudischen Liga.

Als nächste Aufgabe wollten wir die paar wenigen Orte von Interesse aufsuchen, die uns zugänglich waren. Das Fort Al Masmak gilt als zentraler Punkt des ursprünglichen Riads. Die beeindruckende Festungsanlage gilt als das älteste Bauwerk der Stadt und kann im Rahmen einer kostenlosen (und übrigens sehr guten) Führung besichtigt werden. Am nahegelegenen Alsafat-Platz vor der großen Moschee im Zentrum der Stadt wurden bis in die jüngste Vergangenheit öffentliche Enthauptungen durchgeführt. Ich bin froh, so etwas nie selbst gesehen haben zu müssen. Blickt man auf den Boden des weitläufigen Platzes, lässt sich noch das System der Abflussrinnen für das Blut erkennen. Erzählungen zufolge sollen bis vor wenigen Jahren vor allem ausländische

 Gäste genötigt worden sein, bei Exekutionen ganz vorne auf den besten Plätzen Platz zu nehmen. Mittlerweile ist man von dieser Praxis abgekommen, da sie ganz offensichtlich nicht in das neue Konzept passt, sich der Welt als offener und rechtsstaatlicher zu präsentieren, als man es eigentlich ist. Mich beschleicht ein sehr beklemmendes Gefühl.

Rund 200 km nordwestlich Riads liegt mit Ushaiqir ein auf der Website der neu eingerichteten Tourismusbehörde hoch gepriesenes, angeblich authentisches Wüstendorf. Die Fotos sahen vielversprechend aus. Da noch keine kommerziellen Touren angeboten werden, mussten wir improvisieren. Über ein Forum für in Riad lebende westliche Ausländer bekamen wir ein paar Empfehlungen und Telefonnummern vertrauenswürdiger Fahrer mit Geländewagen, und wurden uns mit einem einig. Für knapp 150 Euro (inkl. Spritkosten und garantiert ohne etwaige Zusatzgebühren) sollte uns Yusuf den ganzen Tag samt seines Fahrzeugs zur Verfügung stehen. Ein netter Kerl, aber fehlende Ortskenntnis und wenig bis keine Erfahrung mit dem Führen eines Fahrzeugs auf unbefestigten Pisten, sollten ihn auf die Probe stellen. Während der Fahrt aus der Stadt heraus eröffnete er uns, dass er mit dem Auto Riad noch nie verlassen hatte. Na großartig! Der Streckenabschnitt von Riad nach Ushaiqir führt über eine gut ausgebaute Schnellstraße. Das hätten selbst wir noch hinbekommen. Unsere Aufgabe war es also, ihn zu lotsen, da er sich tatsächlich null auskannte.

Ushaiqir und dort einen Parkplatz zu finden, war keine große Herausforderung. Das Städtchen aus rund 400 traditionellen Lehmbauten wusste zu begeistern: viele kleine Moscheen, zahlreiche Brunnen und Obstgärten, umringt von einer Stadtmauer. Richtig herausgeputzt wirkt es wie das alte Arabien aus einem Bilderbuch. Bloß waren keine Menschen zu sehen, und der Ort vermittelte den Eindruck einer verlassenen Geisterstadt, war aber angeblich bewohnt. Sehr merkwürdig. Vielleicht lag es daran, dass wir während der Mittagsruhe eintrafen. Hier könnte man getrost 20 Dollar Eintritt verlangen und die Touristenmassen durchschleusen – vielleicht ist genau das in ein paar Jahren der Fall.

Yusuf bleibt bei seinem Jeep und legt ein Mittagsschläfchen ein, während wir beide uns auf Entdeckungstour durch die verwinkelten Gassen begeben. Selten war ich so begeistert von einem neuen, unbekannten Ort. Es gibt da so einige UNESCO-Weltkulturerbestätten, die weitaus langweiliger sind. Vor allem die Tatsache, dass wir alleine unterwegs waren und abgesehen von vielleicht ein paar Diplomaten, die mal im Rahmen eines Tagesausflugs den Ort besucht hatten, mit zu den ersten Fremden gehörten, war schon etwas Besonderes. An einigen der massiven, bunt verzierten Holztüren sind Schilder in arabischer Schrift befestigt. Was sich dahinter verbergen mochte, war meist nicht zu erraten. Wir entdeckten einen verschlossenen Kaufladen, zu erkennen an einer davor abgestellten Kiste Leergut aus Pepsi-Glasflaschen. Weiter drin im Labyrinth erspähten wir die ersten Menschen, die uns aber wenig Beachtung schenkten. Vielleicht werden ihre Söhne eines Tages Touristen mit dem Verkauf von kitschigen Souvenirs bedrängen? Nach fast jeder Ecke eine weitere Abzweigung und immer wieder kleine Gebetshäuser und neue Einblicke.

Plötzlich wird ein älterer Herr in langem, braunen Kaftan auf uns aufmerksam und begrüßt uns in bestem Englisch. Er ist offensichtlich sehr interessiert, wer wir denn sind und woher wir kämen. Mit großer Freude bittet er uns in sein Haus. Dort hat er ein kleines Museum eingerichtet für den zu erwartenden Tourismus, der hoffentlich bald an Fahrt aufnimmt. Das Museum ist eine bizarre Sammlung aus Erinnerungsstücken und Gebrauchsgegenständen. An der Wand hängen gerahmte Fotografien in Farbe und Schwarzweiß, die Familienmitglieder, Würdenträger und alte Stadtansichten zeigen, darunter natürlich auch ein Porträt des Königs. Eine Sammlung von Mobiltelefonen von den Neunzigerjahren bis heute. Einiges an alten Geldscheinen und Münzen, allerlei Gewehre und Dolche. Eine Galerie von Colaflaschen im Wandel der Zeit. Ein altes Grammophon mit Schellackplatten aus Ägypten. Vergeblich halte ich Ausschau nach komplettierten Panini-Alben vergangener Weltmeisterschaften. Und wann bekommen wir endlich die Anstecknadelsammlung zu sehen? Etwas skurril und ein bisschen gruselig wirken die als Kinder gekleideten Puppen auf Holzbänken in einer kleinen Kammer im Zwischengeschoss: das Modell einer Koranschule. Aus dem Kassettenrekorder ertönen Koransuren in Endlosschleife. Mittlerweile haben wir über das zweite Stockwerk die Dachterrasse erreicht, von der sich ein großartiger Blick über die ganze Oase bietet, samt all seiner Dattelpalmen und rotbraunen Lehmbauten. Aber auch hier oben wird mit Kontrasten gespielt: Als Sitzgelegenheit fungiert eine Dreier-Sitzgruppe aus Metall, wie man sie von Bushaltestellen kennt. Keine Ahnung, wie die hier gelandet ist. Unser Gastgeber ist ehemaliger Dorflehrer der hiesigen Schule und widmet sich seit Jahren der Restaurierung und Aufhübschung des Ortes. Das alles ist in einem weiteren Raum mit zahlreichen Fotografien, Plänen und Landkarten dokumentiert. Einen sachkundigeren Kenner des Ortes und seiner Geschichte hätten wir kaum ausfindig machen können. Wir trinken noch einen Tee, unterhalten uns eine Weile, und fragen, ob es denn in Ordnung wäre, die auch vorhandenen Ruinen zu betreten. „Selbstverständlich, aber seid vorsichtig!", gibt er uns mit auf den Weg, als wir unsere Entdeckungstour fortsetzen.

Leider drängt uns der Blick auf die Uhr, so bald wie möglich aus dem Irrgarten zum Parkplatz zurückzukehren, wir haben ja noch ein weiteres Tagesziel vor Augen. Gerne wäre ich länger in Ushaiqir geblieben, vielleicht ein paar Tage, zumindest einmal über Nacht. Es war erfrischend anders: Weder Großstadt, noch Touristenziel, aber sehr besonders und daher umso beeindruckender. Yusuf hat ausgeschlafen und es kann weitergehen. Jebel Fihrayn heißt das nächste Ziel (mit „The Edge of the World" oder auf deutsch als Ende der Welt umschrieben). Dabei handelt es sich um ein gebirgiges Hochplateau, das mit gut 300 Meter in die Tiefe fallenden Kliffs abrupt endet. Und um an diese geologisch atemberaubende Stelle zu gelangen, sind ein Geländewagen und entsprechendes Fahrgeschick von Nöten. Straßen gibt es keine, sondern lediglich holpriges und steiniges Geläuf, das guten Willens als Piste bezeichnet werden kann. In der Hoffnung, dass der Handy-Akku hält, navigieren wir abermals mit Offline-Karten aus der App durch diese unwirtliche Gegend. Im Schneckentempo folgen wir Reifenspuren und durchqueren den ein oder anderen ausgetrockneten Flusslauf. Die Strecke ist nicht ohne, um nicht zu sagen tückisch, denn die spitzkantigen Steine sind für die Reifen ungefähr so angenehm, wie es für unsere nackten Füße wäre, über Glasscherben laufen zu müssen. In der Ferne machen wir ein offensichtlich liegengebliebenes Fahrzeug aus. Als wir uns nähern, wird klar, dass es sich um eine Reifenpanne handelt. Hier draußen lässt man natürlich niemanden im Stich und so ist Yusuf auch gleich beim Reifenwechsel behilflich. Seine zunehmende Frustration ob dieser Expedition behält er dabei gekonnt für sich. Begeistert ist er im Gegensatz zu uns schon lange nicht mehr. Die vierköpfige Reisegruppe der finnischen Botschaft aber ist überglücklich, und so kann auch Yusuf wieder ein wenig lächeln. Wir setzen die Fahrt jetzt noch vorsichtiger fort. Einen eigenen Reifenplatzer konnten wir uns nicht leisten, wollten wir ja vor Einbruch der Dunkelheit wieder auf befestigte Straßen kommen. Zunächst noch ein paar Meilen ins Niemandsland. Und es sollte sich lohnen: An der Klippe angekommen, staunen wir nicht schlecht und können nachvollziehen, warum dieser Ort als das Ende der Welt bezeichnet wird. Plötzlich stehen wir vor einem 300 Meter tiefen Abgrund und blicken bis zum Horizont in die endlose Wüste, die uns zu Füßen liegt. Auch Yusuf ist begeistert; er wirkt auf einmal wie ausgewechselt und macht fleißig Selfies. Die Stunden zuvor mag ihm wohl durch den Kopf gegangen sein, wohin in Allahs Namen ihn die bescheuerten Touris denn lotsen würden. Dabei ist er in Riad aufgewachsen und hatte von diesem Naturwunder noch nie etwas gehört. Um eine Erfahrung reicher treten wir alle

Colaflaschensammlung im Museum von Ushaiqir.

glücklich und zufrieden die Rückfahrt an, und das ebenso behutsam, wie wir gekommen waren. An einer anderen Stelle als zuvor treffen wir wieder auf die Finnen, die erneut liegengeblieben sind und keinen weiteren Ersatzreifen dabei haben. Hilfe aus Riad wäre schon angefordert, aber das könne dauern. „Das wird wohl noch eine lange Nacht", meinen sie noch zum Abschied, nachdem wir uns vergewisseren, dass sie ausreichend mit Wasser versorgt sind. Ein paar Kilometer weiter erreichen wir noch vor Sonnenuntergang wieder asphaltiertes Terrain und Yusuf kann hörbar aufatmen. Fortan telefoniert er sehr aufgekratzt und redselig mit seiner Frau. Es sprudelt nur so raus aus ihm, dabei war er den ganzen Tag so wortkarg. Zwei Stunden später sind wir wieder im Hier und Heute in Riad angekommen.

30. Dezember 2019 / Al-Hilal – Al-Adalah 7:0 / King Saud University Stadium / 15.631 Zuschauer

Das King Saud University Stadium ist ein modernes, reines Fußballstadion, wie es auch überall auf dem europäischen Kontinent zu finden sein könnte. Beim Spiel vom frisch gekürten Asienmeister Al-Hilal erfuhren wir aber erst am Stadion, dass Tickets nur im Vorverkauf über eine entsprechende App veräußert wurden – und das natürlich nur über eine arabischsprachige Benutzerführung. Also begaben wir uns auf die Suche nach einem Helfer. Dabei sei erwähnt, dass nahezu alle, die für den Ordnungsdienst abgestellt waren oder erkennbare Dienstausweise trugen, absolut keine Hilfe waren. Zwischen Parkplatz und Arena war ein kleiner Fanpark errichtet worden, mit Torwandschießen, Glücksraddrehen und allerlei Werbeständen von Sponsoren, wie man es mittlerweile von internationalen Turnieren kennt. Hier tummelten sich auch einige Leute, und Hilfe nahte in Gestalt von zwei Jugendlichen, die sich für den Grund unserer Anwesenheit interessierten. Die Frage war schnell mit der Gegenfrage nach Tickets beantwortet. Beide trugen dunkelblaue T-Shirts mit dem Aufdruck „Blue Power", was sich als die führende Fangruppierung von Al-Hilal herausstellen sollte. „Kein Problem, wir bringen euch schon rein". Beide schwirrten in unterschiedliche Richtungen aus und baten uns, zu warten. Ausgerechnet vor unserem Eingang sammelten sich immer mehr junge Burschen mit dem gleichen Blue Power-Outfit wie unsere neuen Bekannten. Gerade als ich mich fragte, ob auf die beiden Verlass wäre, waren sie schon wieder zur Stelle und stellten uns dem Capo vor – dem Einzigen mit andersfarbiger Oberbekleidung und neben uns der einzige über 30-Jährige. Nach einer kurzen, herzlichen Begrüßung wies er seine inzwischen auf gut fünfzig Leute angewachsene Gefolgschaft an, sich ordentlich aufzustellen. Selbiges galt auch für uns; wir sollten uns einfach in den Mob einreihen. Aus seiner Umhängetasche kramte er nun das dicke Kuvert mit den Eintrittskarten hervor, die nach und nach an alle Blue Power-Mitglieder (und selbstredend auch an uns beide) ausgehändigt wurden. Im Handumdrehen konnten wir das Stadion betreten. Zusammen mit dem Rest der Gruppierung fanden uns wir auf den Plätzen der Hintertortribüne ein. Gästefans aus der östlichen Provinz des Königreichs, aus der Al-Adalah kommt, waren keine auszumachen. Das Stadion war zu zwei Dritteln gefüllt und auf den Rängen herrschte reges Treiben. Al-Hilal hatte erst kürzlich die asiatische Champions League gewonnen, was dem Zuschauerzuspruch nicht abträglich gewesen sein dürfte. Es herrschte große Euphorie, was durch lautstarken Support, zahlreich geschwenkte Fahnen und Schals zum Ausdruck gebracht wurde. Dass Al-Hilal für einige Vertreter der heimischen Liga eine Nummer zu groß war, spiegelte das klare Ergebnis von 7:0 wider.

Erwähnenswert bleibt noch die Auswechslung des slowakischen Schiedsrichters während der zweiten Halbzeit, der nach einem Zusammenprall nur noch hinkend den Platz verlassen konnte. Der Einsatz europäischer Schiedsrichter ist keine Seltenheit: Schon unser vorheriges Spiel wurde von einem rumänischen Trio geleitet. Meine erste Vermutung, dass eventuell gesamte Schiri-Teams vom Verband unter Vertrag genommen werden, um über einen längeren Zeitraum vor Ort tätig zu werden, bewahrheite sich nicht. Meine Recherche ergab, dass diese nur für einzelne Partien gebucht und aus Europa eingeflogen werden. Willkommen in der verrückten Welt des modernen Fußballs, wo Geld keine Rolle spielt.

Die Nacht war noch jung, aber außer Shopping oder sich ins Hotelzimmer verziehen waren die Alternativen zur Abengestaltung sehr spärlich gesät. Warum also nicht nach dem Spiel noch schnell ins Museum? Im Nationalmuseum waren wir noch nicht gewesen, da es ja seine Pforten erst um 16 Uhr öffnet. Beim Kauf der Eintrittskarten im großräumig angelegten Foyer bekamen wir eine ausführliche Einführung zu unserem Rundgang. Uns erwarteten umfangreiche Ausstellungen zur Erd- und Menschheitsgeschichte, wobei ein klarer Schwerpunkt auf die Geschichte der arabischen Halbinsel, die Gründung des Staates sowie die Historie des Islams gelegt wird. Auch die Entwicklung der Sprachen in der Region wurde ausführlich abgehandelt. Bemerkenswert empfand ich, dass die Entstehung des Weltalls nicht nur mit der entsprechenden Sure zur Schöpfungsgeschichte aus dem Koran erläutert wird, sondern dazu die naturwissenschaftlichen Erkenntnisse kommuniziert werden. Das hätte ich in diesem streng wahhabitisch geprägten Staat nicht erwartet. Sehr beeindruckend

Al-Hilal zuhause im modernen King Saud University Stadium in Riad.

und unbedingt sehenswert sind übrigens auch die mehrere Quadratmeter großen, detailreichen Modelle der heiligen Stätten von Mekka und Medina. Während unseres zwei Stunden dauernden Besuches hatten wir den Komplex für uns allein. Niemand lief uns über den Weg. Das war schon irre, nachts allein im Museum. Es war nach Mitternacht, als wir uns zurück ins Hotel begaben.

Die zwanzig Kilometer vor der Stadtgrenze Riads gelegene Ruinenstadt Diriyah wollten wir uns nicht entgehen lassen. Die Nummer-Eins-Attraktion des Landes, die aufwändig restauriert und mit breiten Zufahrtsstraßen und einem angrenzenden Park mit Cafés und Restaurants versehen wurde, ist noch nicht ganz startklar. Vormittags angekommen, wurde uns erklärt, dass man das Gelände erst ab 16 Uhr betreten dürfe. Da die Anlage hermetisch abgeriegelt und bewacht wurde, suchten wir vergeblich nach einem Schlupfloch. Stundenlang zu warten war keine sinnvolle Option, und wir zogen von dannen, um die Taxifahrt am Folgetag noch einmal zu unternehmen. Kurz nach vier Uhr nachmittags war auch zahlreiches Personal zu Gange, das aber ausnahmslos die Aufgabe hatte, ohne weitere Begründung „No!“ zu sagen und interessierte Besucher abzuwimmeln. So klappt das nicht mit dem Tourismus und wird auch der arabischen Gastfreundschaft nicht gerecht. Ein dreifach Hoch der Bürokratie – ein sehr frustrierendes Erlebnis. Selbst die Bemühungen eines zufällig anwesenden Mitarbeiters der saudischen Botschaft in Berlin verliefen nach etwas Smalltalk und einigen wohlwollenden Telefonaten seinerseits im Sande.

Als bekennender Eisenbahnfan durfte natürlich ein Tagesausflug mit dem Zug nicht fehlen. Es gibt in Saudi-Arabien drei Bahnlinien, die jeweils von unterschiedlichen Unternehmen betrieben werden. Die Linie nach Dammam, an der auch unser Ziel lag, verbindet Riad mit dem Persischen Golf im Osten. Der moderne Hochgeschwindigkeitszug brachte uns nach Hofuf am Rande der Al-Ahsa-Oase, welche die weltweit größte Dattelpalmenplantage beherbergt. Überraschenderweise gab es in den Waggons keine eindeutige Trennung nach Geschlechtern, wie es sonst so üblich ist: Unsere reservierten Plätze befanden sich im Großraumwagen für Familien, also dort, wo auch Frauen und Kinder Platz nahmen. Zu sehen gab es während der Fahrt außer endloser Wüste nicht viel. Am Platz wurden auf Wunsch kleine Snacks und Tee serviert. Nach nur etwas mehr als zwei Stunden erreichten wir auch schon unser Ziel. Für eine Fahrt mit dem Bus werden stattdessen fünf bis sechs Stunden veranschlagt. Am Rande der Stadt, dort wo die Dattelfelder beginnen, liegt der Berg Jebel Qarah, ein beliebter Aussichtspunkt, an dem kürzlich ein Freilichtmuseum mitsamt Wanderwegen eingerichtet worden war. Das war uns nicht bekannt, und umso positiver überrascht waren wir. Selbst ein Besucherzentrum, ein Souvenirladen sowie einige Cafés und kleine Restaurants waren schon in Betrieb. Alles wirkt sehr neu und gepflegt. Hier ist man schon auf Touristen eingestellt, auch wenn hauptsächlich Saudis kommen. Man kann die Schluchten und Höhlen des Bergmassivs ungefährdet erkunden und auch mal die befestigten Wege verlassen, um sich einen besseren Überblick zu verschaffen. Die Provinzstadt Hofuf wartet zudem mit einem weiteren UNESCO-Weltkulturerbe auf, der Festung des Ibrahim-Palastes. Entgegen der am Eingang vermerkten Öffnungszeiten blieben hier abermals die Tore verschlossen. Dafür konnte der gleich nebenan gelegene Qaisariah Souq begeistern. Ein Basar, wie er ursprünglicher kaum sein könnte: ganz ohne touristischen Schnickschnack oder anderen negativen Randerscheinungen des modernen Fortschritts. Im Gegensatz zu Riad trifft man hier garantiert keine westlichen Ausländer und taucht ein in eine bislang von der Außenwelt nahezu unberührte, autarke Umgebung. Es fühlt sich wie eine märchenhafte Zeitreise an. Eine große Packung Datteln ist dabei das passende Mitbringsel für die Daheimgebliebenen.

Ich bin gespannt, wie sich diese noch zaghafte, langsame Öffnung des Landes auswirken mag – und ob es dabei bleibt oder der ausländische Einfluss eines Tages als zu verwerflich eingeschätzt wird.

Jeder, der damals schon alt genug war, wird sich sicherlich erinnern, wo er gerade am 11. September 2001 war, als er vom Einsturz des World Trade Centers in New York erfuhr. Für mich gilt das nicht, denn ich habe erst zwei Tage später in einem Internet-Café in der jemenitischen Hafenstadt Al-Hudeida davon erfahren. Die Tage zuvor war ich wandern in den Bergen von Haraz, einer traumhaft schönen Gegend, aber eben auch komplett von der Außenwelt abgeschnitten. Zunächst war meine Sorge recht groß, dass jetzt eventuell der Dritte Weltkrieg ausbricht und als Vergeltungsschlag schon bald Bomben auf den Jemen fallen. Schließlich war zu dieser Zeit schon bekannt, dass die Al-Qaida genau hier Terroristen ausbildet. Ein Anruf bei der deutschen Botschaft in Sanaa zur momentanen Sicherheitslage wurde mit einem lapidaren „Dafür sind wir nicht zuständig" abgeschmettert. Bei der einheimischen Bevölkerung hingegen fühlte ich mich gut aufgehoben, und so reiste ich noch zwei weitere Wochen durchs Land. Es gäbe also noch einige spannende Geschichten zu erzählen, die es nicht in dieses Buch geschafft haben. In diesem Fall ist der ganz banale Grund dafür, dass der Aufhänger Fußball fehlt. Denn ein Spiel habe ich dort nicht besucht. Im Nachhinein ist das sehr bedauerlich; damals war mir das nicht so wichtig. So wie das Land seinerzeit war, wird es so schnell nicht wieder sein. Vielleicht auch nie mehr. Seit Jahren tobt dort ein von der Welt vergessener Krieg und das Land liegt in Trümmern. Ähnliches gilt für Syrien. Heute ärgere ich mich manchmal, dass ich vor dem Krieg nie dort gewesen bin. Möglichkeiten hätte es genug gegeben. *Ich* ärgere *mich*. Wer also ärgert da wen? Ich mich.

Auf was will ich hinaus? Ich weiß es ja auch nicht. Vielleicht, dass es müßig ist, verpassten Chancen nachzutrauern und sich im Anschluss darüber einen Kopf zu machen. Man kann schließlich nicht alles haben, und ändern lässt es sich im Nachhinein eben auch nicht mehr. Das gilt für Reiseziele genauso wie für Fußballstadien. Keinesfalls aber möchte ich abgerissene Stadien mit dem Schicksal zerbombter Länder gleichsetzen, falls durch diesen hinkenden Vergleich gerade der Eindruck entstanden sein sollte. Ich schätze mich glücklich, den Jemen bereist zu haben, ebenso wie einmal im alten Maracanã bei Flamengo gegen Fluminense gewesen zu sein. Das alte Wembley ist mir dagegen entgangen. In der Bombonera war ich schon dreimal unter den Zuschauern, habe aber bis heute kein einziges Heimspiel vom HSV besucht. Spanien war erst mein 85. Länderpunkt in Sachen Fußball, und rangiert damit zeitlich weit hinter Uruguay, Bangladesch und Ghana. Es ist nicht immer eine Frage der Präferenz, sondern eher eine der Fügung des Schicksals.

Habe ich auf diesen Reisen gefunden, wonach ich gesucht habe? Ja, und ich finde es immer wieder aufs Neue. Auch wenn ich nicht immer weiß, wonach ich eigentlich gesucht habe. Ein Fußballspiel im Fernsehen zu verfolgen, langweilt mich. Da muss schon der eigene Verein in einem wichtigen Spiel ran, dass ich mich dafür begeistern kann. Und wenn das mal der Fall ist, sitze ich wahrscheinlich nicht vor der Glotze. Die mediale Reizüberflutung kommt in vielerlei Gestalt daher und überfordert mich zuweilen: die Unmengen an Informationen, Blogs, Podcasts, Zeitschriften, Fanzines und nicht zuletzt die (a)sozialen Medien. Einiges davon ist tatsächlich sehr inspirierend, spannend oder amüsant. Vieles aber ist einfach zu viel des Guten. Was das alles nicht ersetzen kann, ist das persönliche Erlebnis und die eigenen Erfahrungen, die man auf Reisen macht. Da lohnt es sich, einfach mal wieder abzuschalten und sich selbst auf den Weg zu machen. Letztendlich ist es immer das Gleiche, aber jedes Mal anders.

In der Reihe Bibliothek des Deutschen Fußballs sind bereits erschienen:

Bd. 1 1. FC Union Berlin (Jörn Luther)
Bd. 2 SV Babelsberg 03 (Rico Noack)
Bd. 3 BFC Dynamo (Marco Bertram)
Bd. 4 FC Energie Cottbus (Jens Batzdorf)
Bd. 5 1. FC Lokomotive Leipzig (Freundeskreis Probstheida)
Bd. 6 BSG Chemie Leipzig (Alexander Mennicke)
Bd. 7 1. FC Magdeburg (Jente Knibbiche)
Bd. 8 F.C. Hansa Rostock (Marco Bertram)
Bd. 9 1. FC Nürnberg (Benjamin Wolf)
Bd. 10 FC Rot-Weiß Erfurt (Matthias Klaß)
Bd. 11 1. FC Köln (Andreas Merkel)
Bd. 12 SG Dynamo Dresden (Uwe Leuthold)
Bd. 13 FC Sankt Pauli (Fabian Fritz & Gregor Backes)
Bd. 14 SV Waldhof Mannheim (Andi Nowey)
Bd. 15 FC Carl Zeiss Jena (Jörg Dern & Toni Schley)
Bd. 16 FC Bayern München (Marcel Neudeck)
Bd. 17 Borussia Mönchengladbach (Steffen Andritzke)
Bd. 18 Eintracht Braunschweig (Uli Hannemann)
Bd. 19 S.C. Fortuna Köln (Heribert Rösgen & Matthias Langer)
Bd. 20 FSV Frankfurt (Franziska Blendin)
Bd. 21 BSG Wismut Gera (Mario Krüger)
Bd. 22 FSV Zwickau (Norbert Peschke & Dieter Völkel)
Bd. 23 Fußball in der DDR (Frank Willmann)
Bd. 24 TSV 1860 München (Stephanie Dilba)
Bd. 25 VfB Stuttgart (Andreas Zweigle & Sebastian Rose)
Bd. 26 Kickers Offenbach (Steffie Wetzel)
Bd. 27 VfL Bochum (Fabian Budde)
Bd. 28 FC Erzgebirge Aue (Burg)
Bd. 29 1. FC Saarbrücken (Carsten Pilger)

Bd. 30 Karlsruher SC (Peter Dittmann)
Bd. 31 Borussia Dortmund (Eva Kienholz & Nikita Afanasjew)
Bd. 32 Eintracht Frankfurt (Dominik Bardow)
Bd. 33 Fortuna Düsseldorf (Julian Rieck)
Bd. 34 1. FC Kaiserslautern (Eric Scherer)
Bd. 35 SC Paderborn (Stephan Simann)
Bd. 36 SC Preußen Münster (Carsten Schulte)
Bd. 37 SV Darmstadt 98 (Tim Strack)
Bd. 38 SV Werder Bremen (Hannes Köhler)
Bd. 39 SV Eintracht Trier 05 (Fanszene Trier)
Bd. 40 1. FSV Mainz 05 (Oliver Heil & Mara Pfeiffer)
Bd. 41 Flensburg 08 (Frank-Peter Hansen)
Bd. 42 Alemannia Aachen (Paul Arns)

In der Reihe Bibliothek des Österreichischen Fußballs sind bereits erschienen:
Bd. 1 First Vienna Football Club (Alexander Juraske)
Bd. 2 SK Rapid Wien (Thomas Lanz)
Bd. 3 Wiener Sport-Club (Christian Bunke)
Bd. 4 FK Austria Wien (Clemens Zavarsky)

In der Reihe Bibliothek des Weltfußballs sind bereits erschienen:
Bd. 1 Partizan Belgrad (Boban Lapčević)
Bd. 2 In 90 Minuten um die Welt (Michael Stoffl)